TOPIK I
The Final Step

토픽 1 시험 전 마지막 연습

Table of Contents

Preface

This book is a test preparation guide published by Talk To Me In Korean for Korean language learners around the world who are preparing for the Test of Proficiency in Korean (TOPIK) I. As the title TOPIK I The Final Step (토픽 1 시험 전 마지막 연습) suggests, it has been designed so that learners can practice in an environment closest to the actual test and make their final check before the exam.

For many people learning Korean, TOPIK is an important goal. Whether it is for entering a Korean university, applying for a scholarship, seeking employment, applying for a visa, or simply assessing one's own Korean ability, TOPIK scores serve as the most objective standard. Because of this, the preparation process is never easy. Building a strong foundation is important, but it is equally crucial to develop practical test-taking skills and become familiar with the latest question trends.

This book was written by the research team at Talk To Me In Korean, who have experience in teaching live TOPIK classes and creating mock exams. They thoroughly analyzed all past official TOPIK questions released so far and reflected the most up-to-date trends. While maintaining the same question types and topic categories as past exams, the materials have been designed to avoid overlap. The three mock tests also cover a wide range of topics and sentence structures without repetition. Through this, learners will be able to build the flexibility to handle a variety of test situations.

Furthermore, this book is more than just a collection of mock tests. It includes easy-to-understand explanations, vocabulary and grammar practice sections, and English translations of all texts and questions. This allows even beginner learners to continue studying more easily.

We hope TOPIK I The Final Step becomes not only your final practice before the test, but also a reliable companion in your journey of learning Korean.

We extend our deepest gratitude to everyone who contributed to the planning, writing, and production of this book, and above all, we send our heartfelt encouragement to learners around the world who chose this book.

Thank you.

Talk To Me In Korean
Educational Content R&D Team

TOPIK Exam Guide

Exam Level and Grades

* **Test levels:** TOPIK I, TOPIK II
* **Evaluation grades:** 6 grades (1-6)
* **Grades are determined based on the total score obtained, and the score ranges for each grade are as follows:**

Categories	TOPIK I		TOPIK II			
	Grade 1	Grade 2	Grade 3	Grade 4	Grade 5	Grade 6
Grade Determination	80~139	140~200	120~149	150~189	190~229	230~300

* Based on the criteria applied since the 35th test, TOPIK I is for beginner level, while TOPIK II is for intermediate and advanced levels.

Exam Schedule and Structure

Test Level	Session	Sections	In Korea			Test Duration (minutes)
			Must Enter the Room by	Start Time	End Time	
TOPIK I	1st session	Listening, Reading	9:20	10:00	11:40	100
TOPIK II	1st session	Listening, Writing	12:20	13:00	14:50	110
	2nd session	Reading	15:10	15:20	16:30	70

* TOPIK I only has one session.
* For overseas test times, please inquire at your local registration office.

Question Composition and Types

* **Test Structure by Level**

Test Level	Session	Sections	Question Type	Number of Questions	Points	Total Score
TOPIK I	1st session	Listening	Multiple choice	30	100	200
		Reading	Multiple choice	40	100	
TOPIK II	1st session	Listening	Multiple choice	50	100	300
		Writing	Written response	4	100	
	2nd session	Reading	Multiple choice	50	100	

＊ Points and Question Types per Question

🎧 TOPIK I Listening

Main Question	Sub-Question	Points	Question Type
1-4	1	4	Choose the correct answer
	2	4	
	3	3	
	4	3	
5-6	5	4	Choose the following statement
	6	3	
7-10	7	3	Choose the place of discourse
	8	3	
	9	3	
	10	4	
11-14	11	3	Choose the topic
	12	3	
	13	4	
	14	3	
15-16	15	4	Choose the matching picture
	16	4	
17-21	17	3	Choose the matching content
	18	3	
	19	3	
	20	3	
	21	3	
22-24	22	3	Choose the main idea
	23	3	
	24	3	
25-26	25	3	Choose the speaker's intention/purpose
	26	4	Choose the matching content
27-28	27	3	Choose the topic
	28	4	Choose the matching content
29-30	29	3	Choose the intention/purpose/reason
	30	4	Choose the matching content

📖 TOPIK I Reading

Main Question	Sub-Question	Points	Question Type
31-33	31	2	Choose the topic
	32	2	
	33	2	
34-39	34	2	Choose the appropriate word for the blank
	35	2	
	36	2	
	37	3	
	38	3	
	39	2	
40-42	40	3	Choose the content that does not match
	41	3	
	42	3	
43-45	43	3	Choose the matching content
	44	2	
	45	3	
46-48	46	3	Choose the main idea
	47	3	
	48	2	
49-50	49	2	Choose the appropriate word for the blank
	50	2	Choose the matching content
51-52	51	3	Choose the appropriate word for the blank
	52	2	Choose the topic
53-54	53	2	Choose the appropriate word for the blank
	54	3	Choose the matching content

Main Question	Sub-Question	Points	Question Type
55-56	55	2	Choose the appropriate word for the blank
	56	3	Choose the matching content
57-58	57	3	Choose the correct order of arrangement
	58	2	
59-60	59	2	Choose the position where the sentence should be inserted
	60	3	Choose the matching content
61-62	61	2	Choose the appropriate word for the blank
	62	2	Choose the matching content

Main Question	Sub-Question	Points	Question Type
63-64	63	2	Choose the writer's intention/purpose
	64	3	Choose the matching content
65-66	65	2	Choose the appropriate word for the blank
	66	3	Choose the matching content
67-68	67	3	Choose the appropriate word for the blank
	68	3	Choose the matching content
69-70	69	3	Choose the appropriate word for the blank
	70	3	Choose the matching content

Uses of Test Results (for TOPIK I)

* **Admission to and graduation from Korean universities (including graduate schools) for foreigners and overseas Koreans**

* **Employment at domestic and international companies and public institutions**

* **Acquisition of residency status such as permanent residency or work visas**

* **Admission to and maintenance of academic standing in government-sponsored scholarship programs for international students**

* **Credits and graduation requirements for Korean language departments at overseas universities**

Notes for Test Takers

* **What to Bring on Exam Day:** Identification card
* **Check-in Time and Exam Room**

TOPIK I	TOPIK II
Complete check-in at the exam room by 09:20 AM (No entry allowed after 09:20 AM)	**Complete check-in at the exam room by 12:20 PM** (No entry allowed after 12:20 PM)

* **Participation Guidelines**

1. During the test, all electronic devices (including smartwatches and other wearable devices) are strictly prohibited. Possession or use of such devices will be considered cheating.

2. On the test day, you must be seated in your assigned seat in the designated test room at least 40 minutes before the start of the test and follow the proctor's instructions. (Test participation in another region or test site is strictly prohibited.)

3. During the test, your ID card must be placed on your desk at all times.

4. No items other than your ID card are allowed on the desk. Any violation will be treated as cheating. (Do not place your admission ticket on the desk.)

5. If you have applied for a refund during the refund period, you cannot take the test regardless of whether the refund has been processed. (If you take the test, your score will be invalidated.)

6. Test takers are responsible for managing their own time and must complete the answer sheet within the allotted time. (For the Listening Test, answers must be marked while listening. No extra time is given for marking after the Listening Test.)

7. In TOPIK I, you must answer only the Listening section during the Listening Test, and only the Reading section during the Reading Test. Any violation will be treated as cheating.

8. Leaving the test room during the test is not permitted. However, in unavoidable circumstances, you may leave quietly with the proctor's permission, ensuring you do not disturb other test takers. (If you leave before completing the test, your score will not be processed.)

9. If you must leave the room temporarily due to illness (e.g., to use the restroom), you must cooperate with checks by the hallway proctor to prevent cheating.

10. You must not engage in any behavior (such as making noise, eating or drinking, etc.) that disturbs others during the test.

11. Smoking is prohibited inside the test site, and you must be careful not to damage any facilities.

12. Any test taker who does not follow the proctor's instructions or engages in cheating will have their test suspended or invalidated, their results canceled, and may be restricted from taking the test for 2 or 4 years.

*** Regarding Identification**

· You must carry your test admission ticket and a valid form of identification (unexpired passport, Residence Card, etc.) for identity verification. Test takers who fail to bring their ID on the exam day will not be allowed to take the test.

· Student IDs for university (graduate) students, certificates, etc. are not accepted as valid forms of identification. Copies or photos of IDs are also not accepted.

· You must cooperate fully with the proctor's identity verification procedures. Failure to do so may be considered cheating.

· If your identity cannot be clearly verified, you may be classified as an unidentified test taker and may be subject to additional identity verification measures.

*** Regarding Prohibited Items**

· If you bring prohibited items into the exam room, submit them to the proctor as instructed before the start of the first session.

*** Handling of Cheating**

· Those caught cheating will have their test results invalidated and may be banned from taking the test for 2 or 4 years depending on the type of cheating. Additionally, actions such as leaking or distributing test papers and answer sheets, proxy test-taking, or forging score certificates may be subject to civil and criminal penalties.

*** Validity Period of Test Scores**

· The validity period for TOPIK (Test of Proficiency in Korean) scores is 2 years from the date of score announcement.

*** Prohibition of Unauthorized Distribution of Test Questions**

· TOPIK questions are copyrighted works and may not be leaked, reproduced, or distributed without the copyright holder's permission. This is strictly prohibited by law. If you illegally leak or distribute the questions, you may be subject to civil and criminal penalties, and your eligibility to take the test may be restricted according to Article 18 of the TOPIK "Basic Operating Regulations."

* **Answer Sheet Instructions**

1. Take care not to damage, soil, or crease the answer sheet. Avoid doodling or making unnecessary marks, as these may result in penalties. In particular, never damage the timing marks (■■■■) at the top and bottom of the answer sheet.

2. Answers written only on the question paper and not transferred to the answer sheet will not be scored.

3. Pay careful attention to ensure that you do not omit filling in your exam number, name, and other required information.

4. Use only the dual-tip pen provided by the proctor to complete the answer sheet.

5. For multiple-choice questions, use the broad tip of the dual-tip pen. Mark only one answer per question by filling in the corresponding circle completely with "●". Incomplete markings or selecting two answers for one question will result in zero points for that question. To correct a multiple-choice answer, use correction tape to completely cover the incorrect answer so it's not visible. Only final answers will be accepted.

6. For open-ended questions, use the fine tip of the pen and write your answers only within the designated answer spaces. Answers written outside these spaces or in different answer spaces will not be scored. To make corrections, either draw two lines through the part to be corrected or use correction tape. You may only use your own correction tape; borrowing from proctors or other test-takers is not allowed.

7. If you make a mistake on the answer sheet (OMR), you may request a replacement. However, you must submit your answer sheet even if you have not finished within the allotted time.

8. You cannot continue writing on the answer sheet after the test has ended. Continuing to write or refusing to submit your answer sheet when instructed by the proctor may be considered cheating. (During the listening test, you should mark answers while listening.)

9. Doodling or making unnecessary marks on the answer sheet may result in penalties. Submit your answer sheet in the cleanest possible condition.

10. The test takers are responsible for any scoring penalties that result from not using the designated pen or violating any of the above rules.

Structure and Usage of This Book

> This book is designed to replicate the exact format, content, and evaluation criteria of the **Test of Proficiency in Korean (TOPIK)**, providing an authentic test experience. It aims to help learners perform at their best on the real exam.

How This Book Is Designed

* Analysis of Past Exam Questions

· The Test of Proficiency in Korean (TOPIK), first implemented in 1997, underwent a system reform in 2014 and has been administered in its current format since then. A total of eleven exams, from the 35th to the 96th administration, have been made public since the reform. This book analyzes the question types, topics, text length, vocabulary, and grammar of the publicly released past exam questions.

· To closely mirror the actual exam, this book adopts the instructions and question types published by the National Institute for International Education, the organization responsible for administering TOPIK.

* Instructions for Each Question Type

TOPIK I Listening

Main Question	Instructions
1-4	다음을 듣고 <보기>와 같이 물음에 맞는 대답을 고르십시오. Listen to the following and choose the answer that matches the question, as shown in <Example>.
5-6	다음을 듣고 <보기>와 같이 이어지는 말을 고르십시오. Listen to the following and choose the next statement as shown in <Example>.
7-10	여기는 어디입니까? <보기>와 같이 알맞은 것을 고르십시오. Where is this place? Choose the appropriate answer as shown in <Example>.
11-14	다음은 무엇에 대해 말하고 있습니까? <보기>와 같이 알맞은 것을 고르십시오. What is being discussed in the following? Choose the appropriate answer as shown in <Example>.
15-16	다음을 듣고 가장 알맞은 그림을 고르십시오. Listen to the following and choose the most appropriate picture.

Main Question	Instructions
17-21	다음을 듣고 <보기>와 같이 대화 내용과 같은 것을 고르십시오. Listen to the following and choose the option that matches the content of the conversation, as shown in <Example>.
22-24	다음을 듣고 여자의 중심 생각을 고르십시오. Listen to the following and choose the woman's main idea.
25-26	**다음을 듣고 물음에 답하십시오.** **Listen to the following and answer the questions.** 25. 여자가 왜 이 이야기를 하고 있는지 고르십시오. 　　Choose why the woman is telling this story. 26. 들은 내용과 같은 것을 고르십시오. 　　Choose the option that matches the content you heard.
27-28	**다음을 듣고 물음에 답하십시오.** **Listen to the following and answer the questions.** 27. 두 사람이 무엇에 대해 이야기를 하고 있는지 고르십시오. 　　Choose what the two people are talking about. 28. 들은 내용과 같은 것을 고르십시오. 　　Choose the option that matches the content you heard.
29-30	**다음을 듣고 물음에 답하십시오.** **Listen to the following and answer the questions.** 29. ____ 　　* The instruction for question 29 changes each time. 30. 들은 내용과 같은 것을 고르십시오. 　　Choose the option that matches the content you heard.

📖 TOPIK I Reading

Main Question	Instructions
31-33	무엇에 대한 내용입니까? <보기>와 같이 알맞은 것을 고르십시오. What is the topic? Choose the correct answer as shown in <Example>.
34-39	<보기>와 같이 (　　　　　)에 들어갈 말로 가장 알맞은 것을 고르십시오. Choose the most appropriate word to fill in the blank, as in <Example>.
40-42	다음을 읽고 맞지 않는 것을 고르십시오. Read the following and choose the incorrect statement.
43-45	다음을 읽고 내용이 같은 것을 고르십시오. Read the following and choose the one that matches the content.
46-48	다음을 읽고 중심 내용을 고르십시오. Read the following and choose the main idea.

49-50	**다음을 읽고 물음에 답하십시오.** **Read the following and answer the questions.** 49. ㉠에 들어갈 말로 가장 알맞은 것을 고르십시오. 　　Choose the most appropriate word to fill in the blank ㉠. 50. 윗글의 내용과 같은 것을 고르십시오. 　　Choose the statement that matches the content of the above text.
51-52	**다음을 읽고 물음에 답하십시오.** **Read the following and answer the questions.** 51. ㉠에 들어갈 말로 가장 알맞은 것을 고르십시오. 　　Choose the most appropriate word to fill in the blank ㉠. 52. 무엇에 대한 내용인지 맞는 것을 고르십시오. 　　Choose the correct description of the content.
53-54	**다음을 읽고 물음에 답하십시오.** **Read the following and answer the questions.** 53. ㉠에 들어갈 말로 가장 알맞은 것을 고르십시오. 　　Choose the most appropriate word to fill in the blank ㉠. 54. 윗글의 내용과 같은 것을 고르십시오. 　　Choose the statement that matches the content of the above text.
55-56	**다음을 읽고 물음에 답하십시오.** **Read the following and answer the questions.** 55. ㉠에 들어갈 말로 가장 알맞은 것을 고르십시오. 　　Choose the most appropriate word to fill in the blank ㉠. 56. 윗글의 내용과 같은 것을 고르십시오. 　　Choose the statement that matches the content of the above text.
57-58	다음을 순서에 맞게 배열한 것을 고르십시오. Choose the correct order of the following statements.
59-60	**다음을 읽고 물음에 답하십시오.** **Read the following and answer the questions.** 59. 다음 문장이 들어갈 곳으로 가장 알맞은 것을 고르십시오. 　　Choose the most appropriate place to insert the following sentence. 60. 윗글의 내용과 같은 것을 고르십시오. 　　Choose the statement that matches the content of the above text.
61-62	**다음을 읽고 물음에 답하십시오.** **Read the following and answer the questions.** 61. ㉠에 들어갈 말로 가장 알맞은 것을 고르십시오. 　　Choose the most appropriate word to fill in the blank ㉠. 62. 윗글의 내용과 같은 것을 고르십시오. 　　Choose the statement that matches the content of the above text.
63-64	**다음을 읽고 물음에 답하십시오.** **Read the following and answer the questions.** 63. 왜 윗글을 썼는지 맞는 것을 고르십시오. 　　Choose the correct reason for writing the text above. 64. 윗글의 내용과 같은 것을 고르십시오. 　　Choose the statement that matches the content of the above text.

65-66	다음을 읽고 물음에 답하십시오. **Read the following and answer the questions.** 65. ㉠에 들어갈 말로 가장 알맞은 것을 고르십시오. Choose the most appropriate word to fill in the blank ㉠. 66. 윗글의 내용과 같은 것을 고르십시오. Choose the statement that matches the content of the above text.
67-68	다음을 읽고 물음에 답하십시오. **Read the following and answer the questions.** 67. ㉠에 들어갈 말로 가장 알맞은 것을 고르십시오. Choose the most appropriate word to fill in the blank ㉠. 68. 윗글의 내용과 같은 것을 고르십시오. Choose the statement that matches the content of the above text.
69-70	다음을 읽고 물음에 답하십시오. **Read the following and answer the questions.** 69. ㉠에 들어갈 말로 가장 알맞은 것을 고르십시오. Choose the most appropriate word to fill in the blank ㉠. 70. 윗글의 내용으로 알 수 있는 것을 고르십시오. Choose what can be inferred from the content of the above text.

* Selection of High-Frequency Topics

🎧 Listening

The topics that appear as questions in the listening section of TOPIK I can be broadly divided into seven categories: Everyday Life, Public Service, Activities, Greetings, Personal Information, Nature, and Food. Based on the analysis of previous exam questions, the distribution of these topics was as follows.

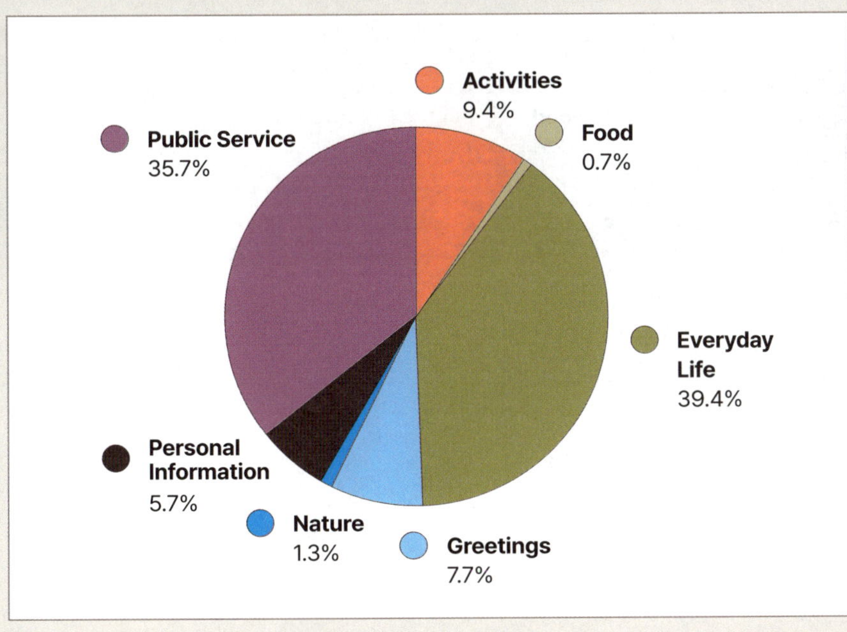

The three sets of mock tests included in this book were also created based on the above analysis, so the distribution of topics is as follows.

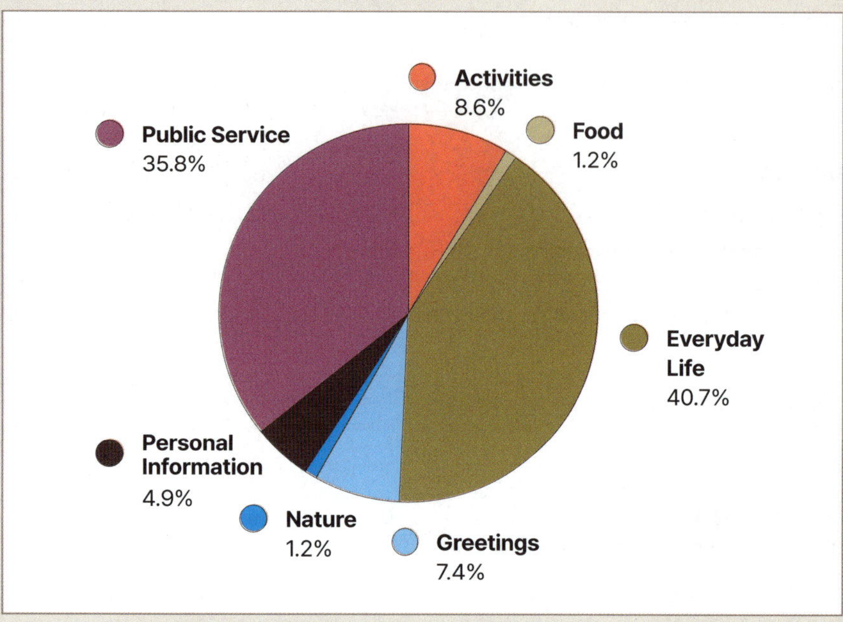

📖 Reading

The topics that appear as questions in the reading section of TOPIK I are also divided into the same seven categories: Everyday Life, Public Service, Activities, Personal Information, Food, Nature, and Greetings. The actual distribution of these topics in previous exam questions was as follows.

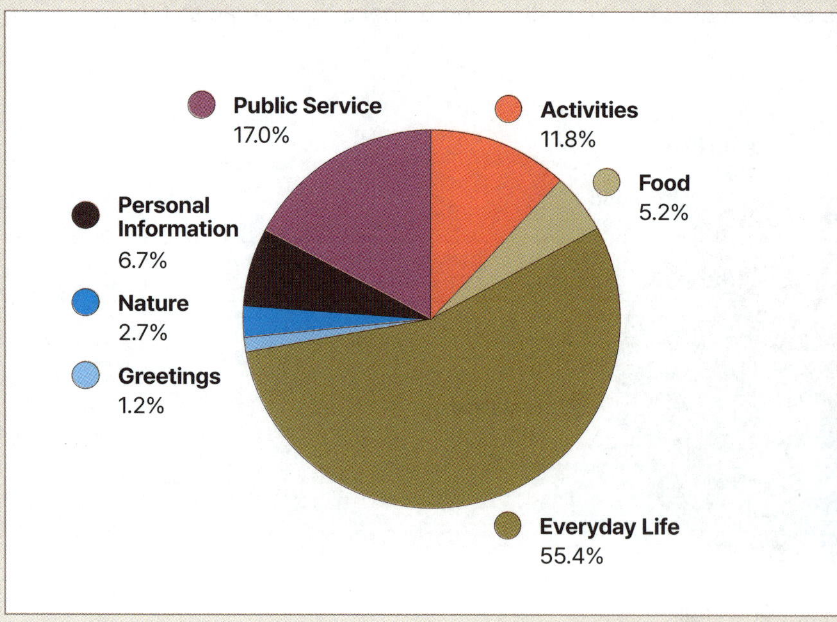

The three sets of mock tests included in this book were also created based on the above analysis, so the distribution of topics is as follows.

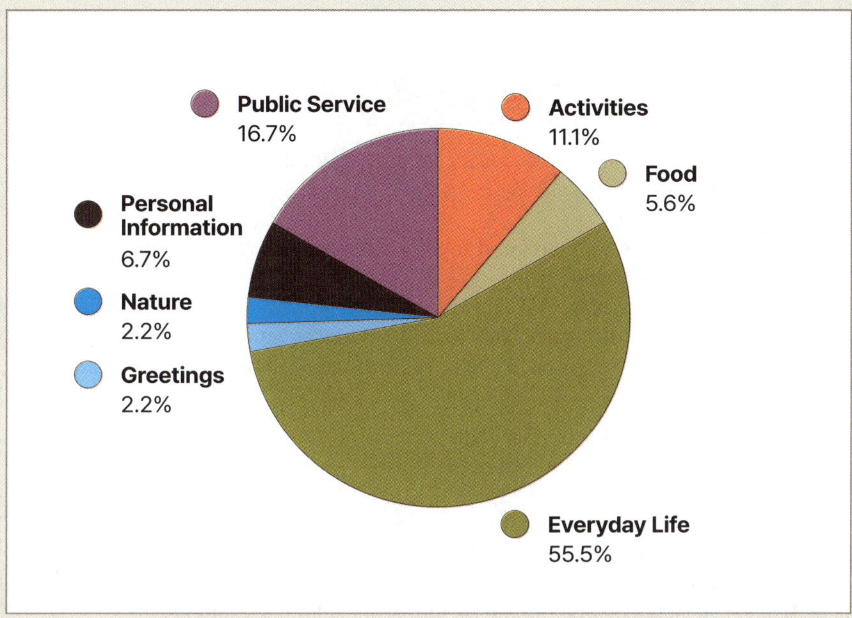

✳ Korean Grammar and Vocabulary Based on International Standards

International Standard Curriculum for Korean Language Education

"International Standard Curriculum for Korean Language Education" is an educational curriculum developed by the National Institute of Korean Language. It was created based on the analysis of major domestic and international language education curricula such as the Common European Framework of Reference for Languages (CEFR), the International Curriculum for Chinese Language Education, and the Test of Proficiency in Korean (TOPIK). It is widely used in developing textbooks and curricula for Korean language education institutions both in Korea and abroad, King Sejong Institutes, and the Test of Proficiency in Korean (TOPIK).

Use of Grammar and Vocabulary in the TOPIK Exam

As mentioned above, the TOPIK exam is designed to reflect the grammar and vocabulary lists presented in the "International Standard Curriculum for Korean Language Education." Therefore, this book has also developed its mock exams based on the vocabulary and grammar lists from the "International Standard Curriculum for Korean Language Education" to enhance alignment with the actual exam.

* Question Design Based on Evaluation Criteria

· The passages have been structured according to the Test of Proficiency in Korean (TOPIK) evaluation criteria presented below.

Test Level	Grade	Evaluation Criteria
TOPIK I	Level 1	Can perform basic language functions necessary for daily survival such as self-introduction, buying items, and ordering food. Can understand and express content related to very personal and familiar topics such as oneself, family, hobbies, and weather. With knowledge of about 800 basic vocabulary words and fundamental grammar, can create simple sentences. Can also understand and compose simple practical and functional texts.
	Level 2	Can perform functions necessary for daily life such as making phone calls and making requests, as well as functions needed to use public facilities like post offices and banks. Can understand and use paragraph-level language on personal and familiar topics with a vocabulary of approximately 1,500–2,000 words. Can distinguish and use language appropriate for formal and informal situations.

How To Use This Book

✳ Booklet Vocabulary and Grammar

· You can use it for preview and review.

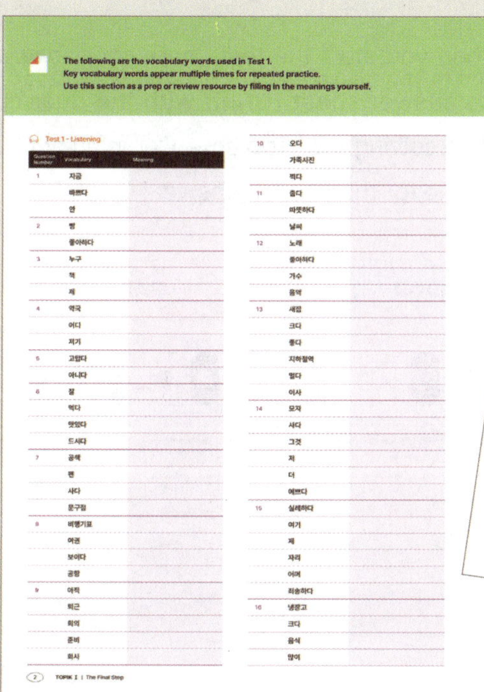

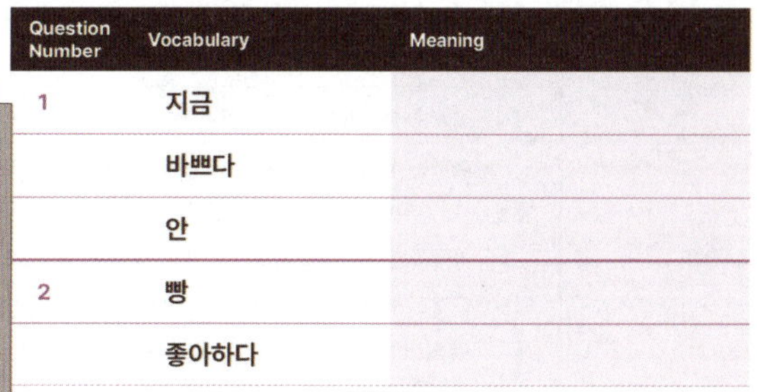

Preview

· Familiarize yourself with word meanings and grammar explanations.

Review

· After taking the mock test, use this booklet to study unfamiliar words and grammar.

· Find how these words or grammar points appeared in the test passages and study them in context.

✳ **Answer Sheet (OMR)**

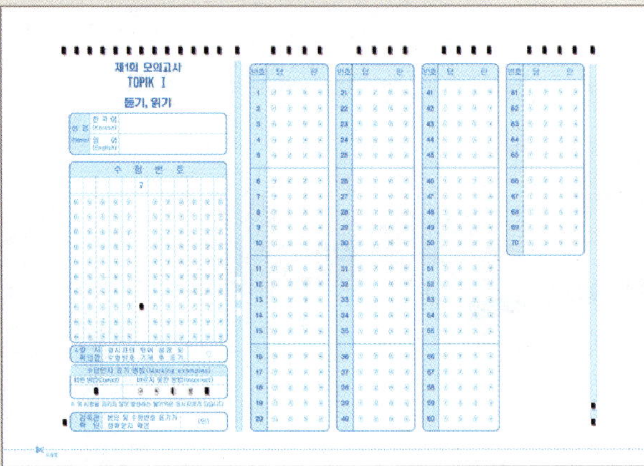

· Before starting the test, cut out the answer sheet (OMR) from the book and have it ready. Use a dual-tip pen and correction tape to simulate actual test conditions. Prepare a pencil and eraser for note-taking.

· When you start the test, mark your answers on the answer sheet (OMR) with the dual-tip pen while solving the problems. Completely fill in the bubble for the chosen answer.

GOOD	BAD
●	

✳ **Test**

· Try to take the test under conditions that closely mirror the actual TOPIK exam, with the same time limit.

※ [21~22] 다음을 듣고 물음에 답하십시오. (각 2점)

여자: 어제 〈나는 커플〉 봤어? 이번 편이 최고였어. 어떤 연인이 싸웠다가 화
　　　해하는 장면이 있었는데 나 감동받아서 거의 울 뻔했잖아.

남자: 나 그거 이제 안 봐. 너무 현실적이어서 재미없더라고. 난 내 상상력을
　　　자극하거나 비현실적으로 행복한 걸 보여 주는 프로그램들에 더 끌려.

여자: 그래? 난 반대로 비현실적이면 가짜 같아서 재미없던데. 난 일단 공감
　　　이 되어야 재미를 느끼거든. 그런 데서 배우는 것도 많아.

남자: 난 티브이 볼 때는 일상에서 해방되는 느낌을 받고 싶은 것 같아.

21.　남자의 중심 생각으로 가장 알맞은 것을 고르십시오.

　　① 감동을 위해 이야기를 꾸미면 안 된다.

　　② 현실을 보여 주는 프로그램이 필요하다.

　　③ 상상력을 자극하는 프로그램이 재미있다.

　　④ 공감할 수 있는 프로그램이 좋은 프로그램이다.

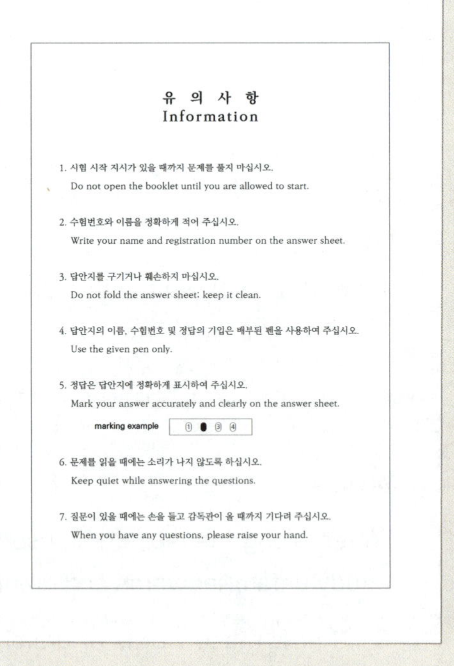

✱ Answers and Explanations

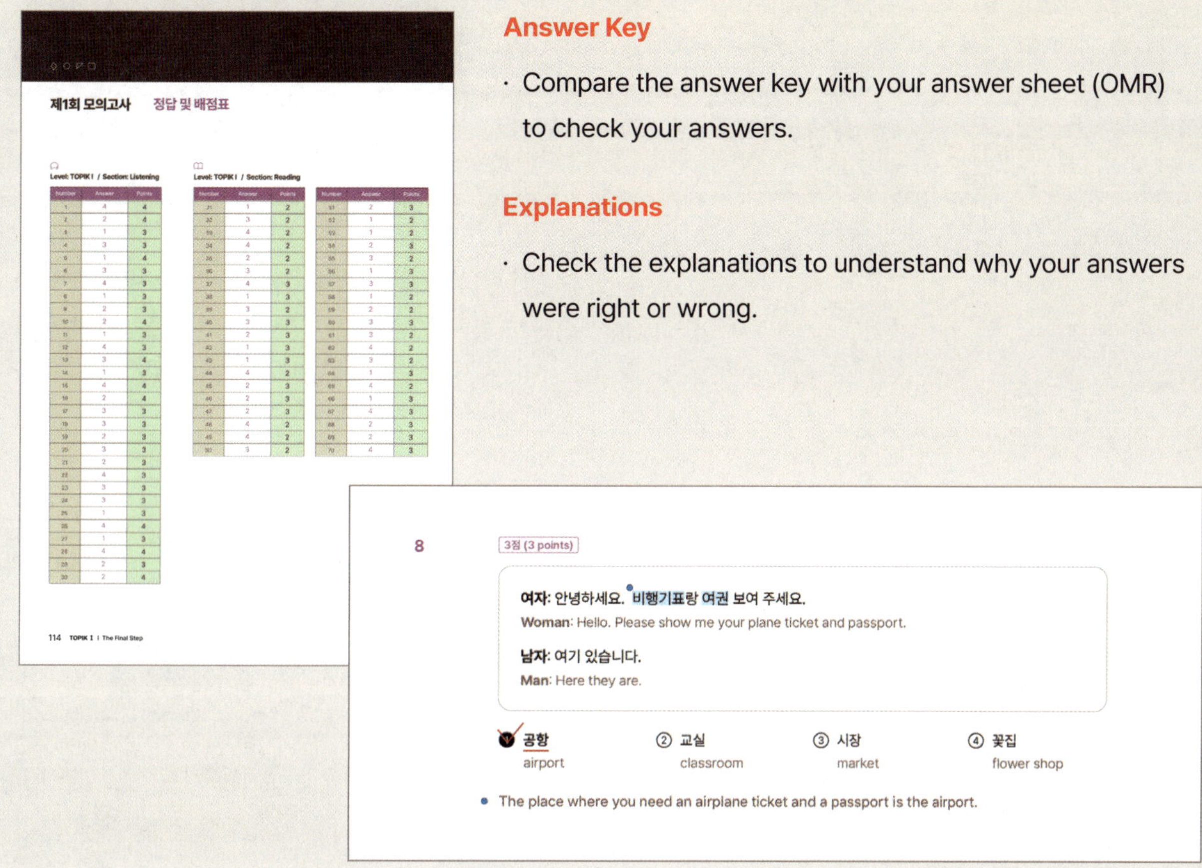

Answer Key

· Compare the answer key with your answer sheet (OMR)
  to check your answers.

Explanations

· Check the explanations to understand why your answers
  were right or wrong.

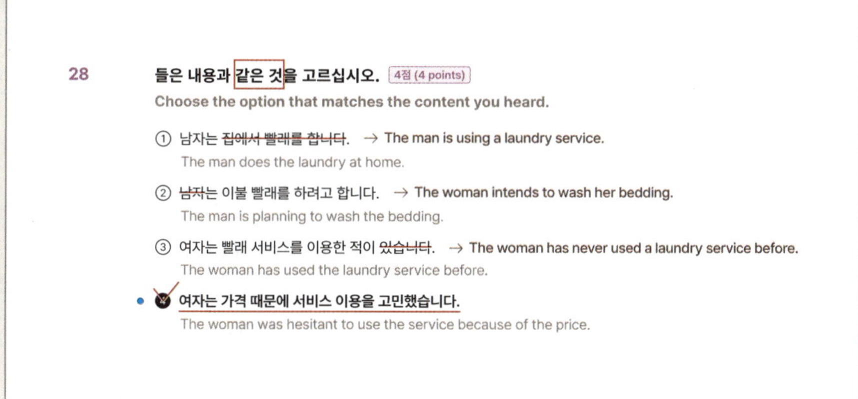

· The key parts of the directions are marked with red boxes. In each passage, the portions that contain
  hints for the questions are highlighted. If a passage has multiple questions, each question's hint is shown
  in a different color. Matching icons are shown in front of related hints, answer choices, and explanations
  to help you see the connections.

· Correct choices are underlined and marked with a check mark, while incorrect portions within the wrong
  choices are crossed out. If an answer includes an image, key clues are circled.

제1회 모의고사
by Talk To Me In Korean

TOPIK I

듣기, 읽기
(Listening, Reading)

수험번호(Registration No.)		
이 름 (Name)	한국어(Korean)	
	영 어(English)	

유 의 사 항
Information

1. 시험 시작 지시가 있을 때까지 문제를 풀지 마십시오.

   Do not open the booklet until you are allowed to start.

2. 수험번호와 이름을 정확하게 적어 주십시오.

   Write your name and registration number on the answer sheet.

3. 답안지를 구기거나 훼손하지 마십시오.

   Do not fold the answer sheet; keep it clean.

4. 답안지의 이름, 수험번호 및 정답의 기입은 배부된 펜을 사용하여 주십시오.

   Use the given pen only.

5. 정답은 답안지에 정확하게 표시하여 주십시오.

   Mark your answer accurately and clearly on the answer sheet.

   marking example　　①　●　③　④

6. 문제를 읽을 때에는 소리가 나지 않도록 하십시오.

   Keep quiet while answering the questions.

7. 질문이 있을 때에는 손을 들고 감독관이 올 때까지 기다려 주십시오.

   When you have any questions, please raise your hand.

🎧 듣기 파일

※　[1~4] 다음을 듣고 <보기>와 같이 물음에 맞는 대답을 고르십시오.

─── 〈 보 기 〉 ───

가: 딸기가 맛있어요?

나: ＿＿＿＿＿＿＿＿＿＿＿＿

❶ 네, 맛있어요.　　　　② 네, 딸기예요.

③ 아니요, 딸기가 없어요.　　④ 아니요, 딸기가 좋아요.

1. (4점)

① 네, 좋아요.　　　　② 네, 바빴어요.

③ 아니요, 자주 해요.　　④ 아니요, 안 바빠요.

2. (4점)

① 네, 빵이에요.　　　　② 네, 빵을 좋아해요.

③ 아니요, 빵이 없어요.　　④ 아니요, 빵이 아니에요.

3. (3점)

① 제 책이에요.　　　　② 이 책이에요.

③ 책이 많아요.　　　　④ 책을 읽어요.

4. (3점)

① 약국에 가요.　　　　② 버스로 가요.

③ 저기에 있어요.　　　　④ 약국이 있어요.

※ **[5~6]** 다음을 듣고 <보기>와 같이 이어지는 말을 고르십시오.

> ──────── 〈 보 기 〉 ────────
>
> 가: 안녕하세요.
>
> 나: _________________________
>
> ❶ 반가워요. ② 괜찮아요.
>
> ③ 안녕히 계세요. ④ 안녕히 가세요.

5. (4점)

① 아니에요. ② 축하해요.

③ 미안해요. ④ 부탁해요.

6. (3점)

① 어서 오세요. ② 잘 지내세요.

③ 맛있게 드세요. ④ 다음에 만나요.

※ **[7~10]** 여기는 어디입니까? <보기>와 같이 알맞은 것을 고르십시오.

> ──────── 〈 보 기 〉 ────────
>
> 가: 이 사과는 얼마예요?
>
> 나: 천 원입니다.
>
> ① 서점 ❷ 가게 ③ 호텔 ④ 기차

7. (3점)

① 극장 ② 은행 ③ 여행사 ④ 문구점

8. (3점)

① 공항 ② 교실 ③ 시장 ④ 꽃집

9. (3점)

① 공원   ② 회사   ③ 카페   ④ 해변

10. (4점)

① 미용실   ② 사진관   ③ 박물관   ④ 백화점

※   **[11~14]** 다음은 무엇에 대해 말하고 있습니까? <보기>와 같이 알맞은 것을 고르십시오.

〈 보 기 〉

가: 몇 살이에요?
나: 스물세 살이에요.

① 날짜   ② 교통   ❸ 나이   ④ 나라

11. (3점)

① 날씨   ② 운동   ③ 여름   ④ 고향

12. (3점)

① 주말   ② 공부   ③ 요리   ④ 음악

13. (4점)

① 시간   ② 계절   ③ 이사   ④ 학교

14. (3점)

① 쇼핑   ② 직업   ③ 친구   ④ 취미

※　　[15~16] 다음을 듣고 가장 알맞은 그림을 고르십시오. (각 4점)

15.　① 　② 

③ 　④ 

16.　① 　② 

③ 　④ 

※　[17~21] 다음을 듣고 <보기>와 같이 대화 내용과 같은 것을 고르십시오. (각 3점)

〈 보 기 〉

여자: 집에서 뭐 해요?

남자: 동생이랑 드라마를 봐요.

① 여자는 집에 있습니다.　　❷ 남자는 동생이 있습니다.

③ 여자는 드라마를 봅니다.　④ 남자는 공부하고 있습니다.

17.　① 남자는 물을 마십니다.

　② 남자는 다리가 아픕니다.

　③ 여자는 쉬고 싶어 합니다.

　④ 여자는 집으로 가고 있습니다.

18.　① 여자는 옷장을 사려고 합니다.

　② 남자는 안 입는 옷을 골랐습니다.

　③ 남자는 옷을 정리하고 싶어 합니다.

　④ 여자는 남자에게 옷걸이를 줬습니다.

19.　① 여자는 영화관에 있습니다.

　② 남자는 택시를 타기로 했습니다.

　③ 여자는 팝콘을 사서 늦었습니다.

　④ 남자는 영화의 처음을 못 봤습니다.

20.　① 여자는 예약을 취소했습니다.

　② 남자는 이 식당에 간 적이 있습니다.

　③ 여자는 여섯 시에 식당 문을 엽니다.

　④ 남자는 내일 일곱 시에 식당에 갈 겁니다.

※　　[17~21] 다음을 듣고 <보기>와 같이 대화 내용과 같은 것을 고르십시오. (각 3점)

21. ① 남자는 고양이와 매일 산책합니다.

② 남자는 고양이를 키우고 있습니다.

③ 여자는 심심할 때 강아지와 산책합니다.

④ 여자는 고양이와 산책하고 싶어 합니다.

※　　[22~24] 다음을 듣고 <u>여자</u>의 중심 생각을 고르십시오. (각 3점)

22. ① 선물을 미리 알고 싶지 않습니다.

② 선물의 가격은 중요하지 않습니다.

③ 필요 없는 선물을 받아도 좋습니다.

④ 받고 싶은 선물을 물어보는 게 좋습니다.

23. ① 기타를 배우는 것은 어렵습니다.

② 재미없는 것은 그만둬도 됩니다.

③ 손가락이 아프면 쉬는 것이 좋습니다.

④ 조금만 참으면 아픈 것이 없어집니다.

24. ① 음식 종류가 더 많아야 합니다.

② 식당은 맛보다 분위기가 중요합니다.

③ 한국에서는 한국어 메뉴가 있어야 합니다.

④ 외국 음식을 파는 식당이 인기가 많습니다.

※　**[25~26] 다음을 듣고 물음에 답하십시오.**

25. 여자가 왜 이 이야기를 하고 있는지 고르십시오.　(3점)

① 자리 이동 계획을 설명하려고
② 새로 온 직원의 자리를 안내하려고
③ 직원들에게 자리 청소를 부탁하려고
④ 사무실에 손님이 오는 것을 알리려고

26. 들은 내용과 같은 것을 고르십시오.　(4점)

① 오늘 사무실에 먼지가 많습니다.
② 자리 이동은 오후에 시작합니다.
③ 다음 주에 사무실의 자리를 바꿉니다.
④ 자리를 이동하기 전에 창문을 열어야 합니다.

※　**[27~28] 다음을 듣고 물음에 답하십시오.**

27. 두 사람이 무엇에 대해 이야기를 하고 있는지 고르십시오.　(3점)

① 빨래 서비스 이용
② 이불 빨래의 어려움
③ 시간을 아끼는 방법
④ 깨끗하게 빨래하는 방법

28. 들은 내용과 같은 것을 고르십시오.　(4점)

① 남자는 집에서 빨래를 합니다.
② 남자는 이불 빨래를 하려고 합니다.
③ 여자는 빨래 서비스를 이용한 적이 있습니다.
④ 여자는 가격 때문에 서비스 이용을 고민했습니다.

※　[29~30] 다음을 듣고 물음에 답하십시오.

29.　남자가 라디오 프로그램에 이야기를 보낸 이유를 고르십시오.　(3점)

　　① 유명한 기사가 되고 싶어서

　　② 고마운 마음을 전하고 싶어서

　　③ 택배 기사의 어려움을 알리고 싶어서

　　④ 자신의 이야기를 영화로 만들고 싶어서

30.　들은 내용과 같은 것을 고르십시오.　(4점)

　　① 남자는 영화감독입니다.

　　② 영화는 인기가 많습니다.

　　③ 남자는 손님들에게 화를 냈습니다.

　　④ 어떤 사람이 남자에게 트럭을 팔았습니다.

※ **[31~33]** 무엇에 대한 내용입니까? <보기>와 같이 알맞은 것을 고르십시오. **(각 2점)**

〈 보 기 〉

우리는 학교에서 만났습니다. 우리는 같이 놉니다.

❶ 친구　　　② 위치　　　③ 주말　　　④ 나이

31.

우유를 마십니다. 주스도 마십니다.

① 음료　　　② 공부　　　③ 장소　　　④ 과일

32.

저는 한국에서 왔습니다. 친구는 영국에서 왔습니다.

① 방학　　　② 계절　　　③ 나라　　　④ 여행

33.

요즘 낚시를 많이 합니다. 낚시가 재미있습니다.

① 식사　　　② 날씨　　　③ 요일　　　④ 취미

〈 보 기 〉

친구의 생일입니다. 친구에게 편지를 ( ).

① 갑니다　　❷ 씁니다　　③ 입습니다　　④ 읽습니다

34. (2점)

동생이 춤을 춥니다. 저는 노래를 ( ).

① 줍니다　　② 삽니다　　③ 받습니다　　④ 부릅니다

35. (2점)

( )를 봅니다. 지금은 열 시입니다.

① 침대　　② 시계　　③ 종이　　④ 의자

36. (2점)

양말을 ( ). 발이 따뜻합니다.

① 합니다　　② 잡니다　　③ 신습니다　　④ 만듭니다

37. (3점)

가방에 책이 많습니다. 가방이 ( ).

① 쉽습니다　　② 아픕니다　　③ 즐겁습니다　　④ 무겁습니다

※ [34~39] <보기>와 같이 ( )에 들어갈 말로 가장 알맞은 것을 고르십시오.

38. (3점)

저는 학교에 ( ) 갑니다. 주말에는 학교에 안 갑니다.

① 매일 ② 조금 ③ 아주 ④ 빨리

39. (2점)

오늘은 좀 피곤합니다. 내일( ) 열심히 운동할 겁니다.

① 에서 ② 하고 ③ 부터 ④ 보다

※ [40~42] 다음을 읽고 맞지 않는 것을 고르십시오. (각 3점)

40.

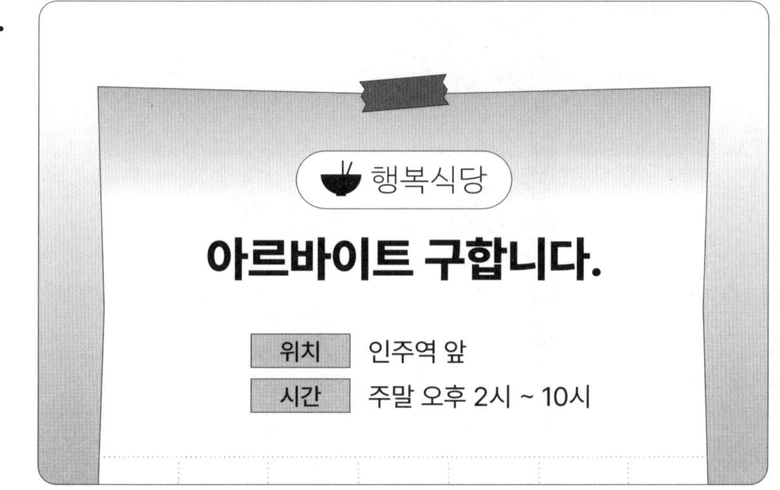

① 식당입니다.
② 직원을 구합니다.
③ 아침부터 일합니다.
④ 인주역과 가깝습니다.

※ **[40~42]** 다음을 읽고 맞지 <u>않는</u> 것을 고르십시오. (각 3점)

41.

① 가볍습니다.

② 색깔이 많습니다.

③ 크기가 작습니다.

④ 할인하고 있습니다.

42.

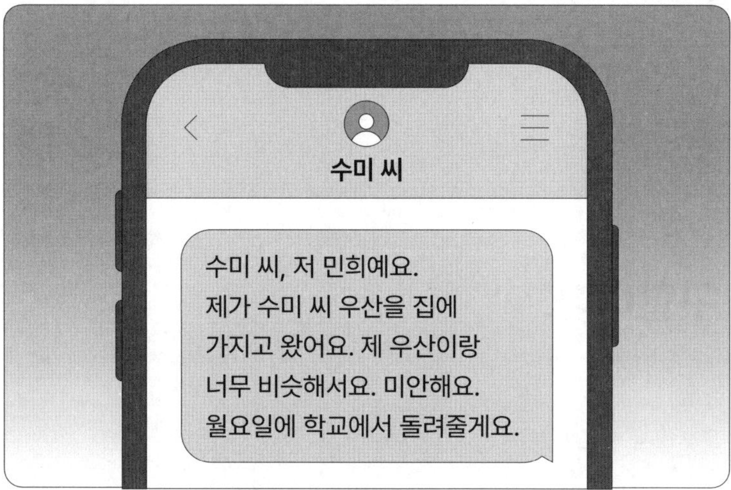

① 오늘은 월요일입니다.

② 두 사람의 우산이 비슷합니다.

③ 두 사람은 학교에서 만날 겁니다.

④ 민희 씨가 문자 메시지를 보냈습니다.

※　[43~45] 다음을 읽고 내용이 같은 것을 고르십시오.

43. (3점)

> 어제 안경을 잃어버렸습니다. 그래서 오늘 안경을 안 쓰고 학교에 갔습니다.
> 책을 읽기가 어려웠습니다.

① 오늘 학교에 갔습니다.
② 저는 안경을 샀습니다.
③ 저는 책을 잘 읽었습니다.
④ 저는 안경을 쓰고 있습니다.

44. (2점)

> 저는 지하철보다 버스를 많이 탑니다. 버스는 조금 느리지만 창문 밖을 볼
> 수 있습니다. 창문 밖의 자동차와 사람들을 구경하는 것이 재미있습니다.

① 지하철은 조금 느립니다.
② 저는 지하철을 좋아합니다.
③ 사람들은 자동차를 많이 탑니다.
④ 저는 버스에서 창문 밖을 구경합니다.

45. (3점)

> 봄에는 꽃을 많이 볼 수 있습니다. 저는 꽃을 좋아해서 봄을 제일 좋아합니다.
> 그래서 봄을 기다리고 있습니다.

① 지금은 봄입니다.
② 저는 꽃을 좋아합니다.
③ 저는 겨울을 제일 좋아합니다.
④ 지금 꽃을 많이 볼 수 있습니다.

※　[46~48] 다음을 읽고 중심 내용을 고르십시오.

46. (3점)

> 제 아이는 한 살입니다. 제 아내는 아이와 여행을 가고 싶어 합니다. 저는 아이가 더 크면 여행 가고 싶습니다.

① 아내와 여행하고 싶습니다.
② 아이가 크면 여행하고 싶습니다.
③ 아이와 여행하는 것이 쉽습니다.
④ 아내는 여행을 좋아하지 않습니다.

47. (3점)

> 저는 보통 도서관에서 공부하지만 오늘은 카페에 갔습니다. 카페는 좀 시끄러웠습니다. 다른 사람의 이야기가 재미있어서 공부를 못 했습니다.

① 공부를 하고 싶지 않습니다.
② 카페에서 공부하기 어려웠습니다.
③ 도서관이 카페보다 시끄럽습니다.
④ 도서관에서 이야기하면 안 됩니다.

48. (2점)

> 저는 자기 전에 항상 휴대폰을 봅니다. 그래서 매일 피곤하고 눈도 아픕니다. 이제부터 밤에 휴대폰을 보지 않을 겁니다.

① 잠을 일찍 자겠습니다.
② 새 휴대폰을 사겠습니다.
③ 자기 전에 운동하겠습니다.
④ 밤에 휴대폰을 보지 않겠습니다.

※　[49~50] 다음을 읽고 물음에 답하십시오. (각 2점)

> 　저는 게임 개발자입니다. 게임을 만드는 일은 재미있고, 돈도 많이 벌
> 수 있습니다. (　　㉠　　) 요즘 게임 만드는 것보다 과일을 키우는 것이
> 더 재미있습니다. 제 집 마당에서 사과를 키우고 있습니다. 사과를 더 많이
> 키워서 시장에서 팔고 싶습니다.

49. ㉠에 들어갈 말로 가장 알맞은 것을 고르십시오.

① 그리고　　　　　　　　② 그래서
③ 그러면　　　　　　　　④ 그런데

50. 윗글의 내용과 같은 것을 고르십시오.

① 저는 게임을 잘합니다.
② 게임 만드는 일은 어렵습니다.
③ 사과 키우는 일은 재미있습니다.
④ 저는 사과를 팔아서 돈을 많이 벌었습니다.

※ **[51~52] 다음을 읽고 물음에 답하십시오.**

> 7월 1일, 인주시에서 처음으로 감자 축제를 엽니다. 축제에 오는 사람들은 모두 한 시간 동안 감자를 캡니다. 자신이 캔 감자는 모두 집으로 (㉠   ). 그리고 감자를 가장 많이 캔 사람과 가장 큰 감자를 캔 사람에게는 상을 드립니다. 그리고 감자로 만든 다양한 요리들도 준비됩니다.

51. ㉠에 들어갈 말로 가장 알맞은 것을 고르십시오. (3점)

① 가져가고 싶습니다　　　　② 가져갈 수 있습니다

③ 가져가면 안 됩니다　　　　④ 가져가기로 했습니다

52. 무엇에 대한 내용인지 맞는 것을 고르십시오. (2점)

① 감자 축제 내용 소개

② 감자 캐는 직원 모집

③ 다양한 감자 요리 방법

④ 감자가 건강에 좋은 이유

> 다음 주부터 회사에 식당이 생깁니다. 그동안 매일 점심시간에 회사 밖에서 점심을 사 먹어서 불편했습니다. 점심시간이 짧아서 점심을 빨리 먹어야 했습니다. 그리고 돈이 많이 들었습니다. 매일 먹을 음식을 고르는 것도 힘들었습니다. 그런데 이제 회사 식당이 (㉠   ) 메뉴를 걱정하지 않아도 됩니다.

53. ㉠에 들어갈 말로 가장 알맞은 것을 고르십시오. (2점)

① 생기니까   ② 생기려면

③ 생기기 전에   ④ 생기지 않고

54. 윗글의 내용과 같은 것을 고르십시오. (3점)

① 회사 점심시간이 깁니다.

② 다음 주에 회사 식당이 생깁니다.

③ 점심을 밖에서 먹어서 편했습니다.

④ 매일 먹을 음식을 고르는 것이 좋습니다.

※　　**[55~56] 다음을 읽고 물음에 답하십시오.**

> 　　　경의선 숲길은 옛날에는 기찻길이었습니다. 그런데 기차가 (　　　㉠　　　)
> 기찻길을 공원처럼 만든 것입니다. 이 길은 차가 들어올 수 없어서 안전하고
> 나무가 많아서 산책하기 좋습니다. 책을 읽거나 공연을 볼 수 있는 장소도
> 있어 많은 사람들이 좋아합니다.

55.　㉠에 들어갈 말로 가장 알맞은 것을 고르십시오. (2점)

①　들어오게 되어서　　　　　　②　공원보다 많아서

③　다니지 않게 되어서　　　　　④　인기가 너무 많아서

56.　윗글의 내용과 같은 것을 고르십시오. (3점)

①　이 길에는 차가 다닐 수 없습니다.

②　이 길에서 산책하는 것은 위험합니다.

③　공원이 없어지고 이 길이 생겼습니다.

④　공연을 볼 수 있는 장소는 없어졌습니다.

※ **[57~58]** 다음을 순서에 맞게 배열한 것을 고르십시오.

57. (3점)

> (가) 그 시간에는 할인을 많이 하기 때문입니다.
>
> (나) 오늘도 딸기와 오이를 아주 싸게 샀습니다.
>
> (다) 저는 주로 저녁 시간이 지나서 마트에 갑니다.
>
> (라) 사람들은 보통 저녁 시간 전에 마트에 갑니다.

① (가) – (나) – (라) – (다) ② (가) – (다) – (라) – (나)
③ (라) – (다) – (가) – (나) ④ (라) – (나) – (가) – (다)

58. (2점)

> (가) 가위나 칼을 버릴 때는 조심히 버려야 합니다.
>
> (나) 먼저 가위나 칼을 종이로 여러 번 싸야 합니다.
>
> (다) 쓰레기를 가져가는 분이 다칠 수 있기 때문입니다.
>
> (라) 그다음에 테이프를 붙여서 일반 쓰레기로 버려야 합니다.

① (가) – (다) – (나) – (라) ② (가) – (라) – (다) – (나)
③ (다) – (라) – (가) – (나) ④ (다) – (라) – (나) – (가)

> 　저는 밖에서 노는 것보다 집에 있는 것을 좋아합니다. (　　㉠　　)
> 그래서 집을 예쁘게 꾸미는 것에 관심이 많습니다. (　　㉡　　) 예를
> 들어 여름에는 바다 사진을 걸거나 파란색 쿠션을 둡니다. (　　㉢　　)
> 그렇게 하면 기분도 좋아지고 집에서도 새로운 느낌을 받을 수 있습니다.
> (　　㉣　　)

59. 다음 문장이 들어갈 곳으로 가장 알맞은 것을 고르십시오. (2점)

> 　계절이 바뀔 때마다 장식품을 바꾸는 것을 특히 좋아합니다.

① ㉠　　　　　② ㉡　　　　　③ ㉢　　　　　④ ㉣

60. 윗글의 내용과 같은 것을 고르십시오. (3점)

① 지금은 여름입니다.
② 집에 바다 사진이 있습니다.
③ 저는 집에 있는 것을 좋아합니다.
④ 저는 파란색 쿠션을 사고 싶습니다.

> 　처음 요가를 시작한 것은 친구 덕분이었습니다. 제가 일 때문에 스트레스를 많이 받을 때 친구가 요가를 추천했습니다. 처음에는 요가가 지루할 것 같았습니다. 그래도 친구의 요가 수업에 한번 따라가 보았습니다. 요가는 전혀 (　　㉠　　) 요가 덕분에 마음도 건강해졌습니다.

61. ㉠에 들어갈 말로 가장 알맞은 것을 고르십시오.

① 재미가 없었고　　　　　　② 추천하기 좋았고

③ 지루하지 않았고　　　　　④ 스트레스가 되었고

62. 윗글의 내용과 같은 것을 고르십시오.

① 친구는 요가 선생님이 되었습니다.

② 저는 요가를 처음부터 좋아했습니다.

③ 저는 요즘 스트레스를 받고 있습니다.

④ 친구가 저보다 먼저 요가를 시작했습니다.

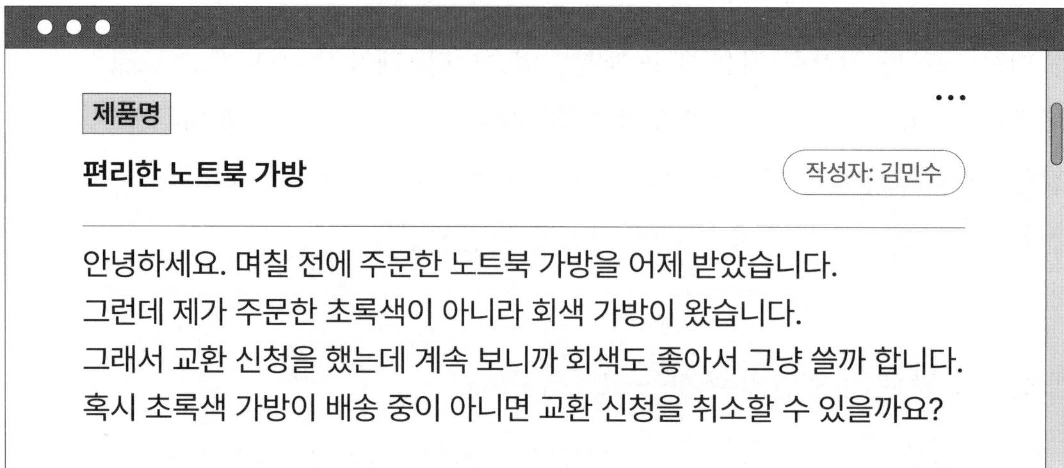

63. 왜 윗글을 썼는지 맞는 것을 고르십시오. (2점)

① 가방을 환불받으려고

② 새 가방을 주문하려고

③ 교환 신청을 취소하려고

④ 배송 날짜를 물어보려고

64. 윗글의 내용과 같은 것을 고르십시오. (3점)

① 저는 어제 가방을 받았습니다.

② 저는 초록색 가방이 더 좋습니다.

③ 저는 가방 색깔을 바꾸고 싶습니다.

④ 저는 노트북과 가방을 주문했습니다.

※　[65~66] 다음을 읽고 물음에 답하십시오.

> 김밥에 들어가는 김은 아이와 어른 모두가 좋아하는 음식 재료입니다. 그래서 한국에는 김을 반찬으로 주는 식당이 많습니다. 보통 짠맛이 나는 김을 자주 먹지만 짠맛이 없는 구운 김을 (　　　㉠　　　). 김은 다른 음식과 함께 먹는 것도 맛있고 김만 먹어도 아주 맛있습니다. 김을 먹을 때 바삭바삭한 소리가 나는 것도 참 재미있습니다.

65. ㉠에 들어갈 말로 가장 알맞은 것을 고르십시오. (2점)

① 먹지 않습니다　　　　　　② 먹으면 됩니다

③ 먹어 봤습니다　　　　　　④ 먹기도 합니다

66. 윗글의 내용과 같은 것을 고르십시오. (3점)

① 김은 아이들도 좋아합니다.

② 김은 특별한 날에 먹습니다.

③ 김은 반찬으로 먹지 않습니다.

④ 김만 먹으면 아무 맛이 없습니다.

※ **[67~68] 다음을 읽고 물음에 답하십시오. (각 3점)**

> 여름이 되면 모기가 많아집니다. 모기에 물리면 아프지는 않지만 아주 가렵습니다. 가려움을 빨리 없애려면 (㉠   ) 것이 중요합니다. 그래서 화장실로 가서 모기 물린 곳에 차가운 물을 뿌리면 좋습니다. 얼음이 있으면 얼음을 사용해도 됩니다. 물론, 가려움을 없애는 약이 있으면 약을 바르는 것이 가장 좋습니다.

67. ㉠에 들어갈 말로 가장 알맞은 것을 고르십시오.

① 아픈 것을 참는   ② 모기를 빨리 잡는

③ 손을 깨끗하게 씻는   ④ 물린 곳을 차갑게 하는

68. 윗글의 내용과 같은 것을 고르십시오.

① 모기에 물리면 아픕니다.

② 가려운 곳에 약을 바르면 좋습니다.

③ 여름에는 화장실에 모기가 많습니다.

④ 가려울 때 얼음을 사용하면 안 됩니다.

> 저는 아주 어렸을 때부터 나무를 좋아했습니다. 집 주변에 큰 공원이 하나 있었는데 거기에는 다양한 종류의 나무들이 있었습니다. 저는 매일 공원에 가서 나무를 구경했습니다. 제가 나무를 너무 좋아하니까 부모님께서 나무에 대한 책을 많이 사 주셨습니다. 그래서 나무들의 이름과 특징을 많이 (㉠) 지금 이렇게 나무 의사가 될 수 있었습니다. 제가 가장 좋아하는 나무는 소나무인데, 소나무의 향기가 마음을 편안하게 하기 때문입니다.

69. ㉠에 들어갈 말로 가장 알맞은 것을 고르십시오.

① 사 주었고 　　　　　② 알게 되었고

③ 보고 싶었고 　　　　④ 만들 수 있었고

70. 윗글의 내용으로 알 수 있는 것을 고르십시오.

① 저는 사람을 치료하는 의사입니다.

② 저는 지금도 그 공원에 자주 갑니다.

③ 부모님께서는 소나무를 좋아하십니다.

④ 저는 나무에 대한 책을 많이 읽었습니다.

제2회 모의고사
by Talk To Me In Korean

TOPIK I

듣기, 읽기
(Listening, Reading)

수험번호(Registration No.)	
이 름 (Name)	한국어(Korean)
	영 어(English)

유 의 사 항
Information

1. 시험 시작 지시가 있을 때까지 문제를 풀지 마십시오.

   Do not open the booklet until you are allowed to start.

2. 수험번호와 이름을 정확하게 적어 주십시오.

   Write your name and registration number on the answer sheet.

3. 답안지를 구기거나 훼손하지 마십시오.

   Do not fold the answer sheet; keep it clean.

4. 답안지의 이름, 수험번호 및 정답의 기입은 배부된 펜을 사용하여 주십시오.

   Use the given pen only.

5. 정답은 답안지에 정확하게 표시하여 주십시오.

   Mark your answer accurately and clearly on the answer sheet.

6. 문제를 읽을 때에는 소리가 나지 않도록 하십시오.

   Keep quiet while answering the questions.

7. 질문이 있을 때에는 손을 들고 감독관이 올 때까지 기다려 주십시오.

   When you have any questions, please raise your hand.

※ **[1~4] 다음을 듣고 <보기>와 같이 물음에 맞는 대답을 고르십시오.**

〈 보 기 〉

가: 딸기가 맛있어요?

나: _______________________

❶ 네, 맛있어요.　　② 네, 딸기예요.

③ 아니요, 딸기가 없어요.　　④ 아니요, 딸기가 좋아요.

---

1. (4점)

① 네, 식당이에요.　　② 네, 요리사예요.

③ 아니요, 요리가 좋아요.　　④ 아니요, 식당이 아니에요.

2. (4점)

① 집을 좋아해요.　　② 집이 아니에요.

③ 집에서 쉬어요.　　④ 집이 가까워요.

3. (3점)

① 네, 배불러요.　　② 네, 먹었어요.

③ 아니요, 밥이 있어요.　　④ 아니요, 배가 안 고파요.

4. (3점)

① 제가 가요.　　② 지금 가요.

③ 친구랑 가요.　　④ 학교에 가요.

※ **[5~6] 다음을 듣고 <보기>와 같이 이어지는 말을 고르십시오.**

〈 보 기 〉

가: 안녕하세요.

나: _______________________________

❶ 반가워요.　　　　　　② 괜찮아요.

③ 안녕히 계세요.　　　④ 안녕히 가세요.

5. (4점)

① 맞아요.　　　　　　② 그럼요.

③ 괜찮아요.　　　　　④ 좋겠어요.

6. (3점)

① 잠시만요.　　　　　② 환영해요.

③ 또 오세요.　　　　　④ 조심하세요.

※ **[7~10] 여기는 어디입니까? <보기>와 같이 알맞은 것을 고르십시오.**

〈 보 기 〉

가: 이 사과는 얼마예요?

나: 천 원입니다.

① 서점　　　❷ 가게　　　③ 호텔　　　④ 기차

7. (3점)

① 마트　　　② 교실　　　③ 공항　　　④ 약국

8. (3점)

① 은행　　　② 버스　　　③ 식당　　　④ 서점

9. (3점)

① 병원   ② 꽃집   ③ 세탁소   ④ 여행사

10. (4점)

① 가구점   ② 박물관   ③ 경찰서   ④ 비행기

※　[11~14] 다음은 무엇에 대해 말하고 있습니까? <보기>와 같이 알맞은 것을 고르십시오.

〈 보 기 〉

가: 몇 살이에요?
나: 스물세 살이에요.

① 날짜   ② 교통   ❸ 나이   ④ 나라

11. (3점)

① 메뉴   ② 약속   ③ 날씨   ④ 장소

12. (3점)

① 취미   ② 교통   ③ 시간   ④ 친구

13. (4점)

① 계획   ② 직업   ③ 사진   ④ 성격

14. (3점)

① 번호   ② 계절   ③ 행사   ④ 선물

※ **[15~16]** 다음을 듣고 가장 알맞은 그림을 고르십시오. (각 4점)

15.

①  ② 

③  ④ 

16.

①  ② 

③  ④ 

※ **[17~21]** 다음을 듣고 <보기>와 같이 대화 내용과 같은 것을 고르십시오. (각 3점)

〈 보 기 〉

여자: 집에서 뭐 해요?

남자: 동생이랑 드라마를 봐요.

① 여자는 집에 있습니다.　　❷ 남자는 동생이 있습니다.

③ 여자는 드라마를 봅니다.　　④ 남자는 공부하고 있습니다.

17.　① 여자는 집에 가고 있습니다.

② 여자는 마트에 다녀왔습니다.

③ 남자는 고추를 사고 싶어 합니다.

④ 남자는 집에 가기 전에 마트에 갈 겁니다.

18.　① 여자는 화장실에 있습니다.

② 남자는 수건이 더 필요합니다.

③ 여자는 휴지가 더 필요합니다.

④ 남자는 여자에게 휴지를 주었습니다.

19.　① 남자는 삼십 분을 기다렸습니다.

② 남자는 다른 식당에 가고 싶어 합니다.

③ 두 사람은 바로 식당에 들어갈 수 있습니다.

④ 두 사람은 이 식당에 다시 오지 않을 겁니다.

20.　① 남자는 봉사하러 갈 겁니다.

② 여자는 혼자 바다에 갑니다.

③ 두 사람은 수영을 하고 싶어 합니다.

④ 여자는 바다에서 쓰레기를 주웠습니다.

※ **[17~21] 다음을 듣고 <보기>와 같이 대화 내용과 같은 것을 고르십시오. (각 3점)**

21. ① 여자는 알레르기가 있습니다.

　　 ② 남자는 아몬드를 좋아합니다.

　　 ③ 남자는 아이스크림을 먹고 있습니다.

　　 ④ 여자는 아이스크림을 주문하지 않았습니다.

※ **[22~24] 다음을 듣고 <u>여자</u>의 중심 생각을 고르십시오. (각 3점)**

22. ① 혼자 여행하는 것을 추천합니다.

　　 ② 다음에는 친구와 여행하고 싶습니다.

　　 ③ 여행사를 통해 여행하는 것이 좋습니다.

　　 ④ 가고 싶은 곳을 가려면 혼자 여행해야 합니다.

23. ① 회의 시간을 줄이고 싶습니다.

　　 ② 회의실을 더 만들어야 합니다.

　　 ③ 회의 시간에 좋은 아이디어가 필요합니다.

　　 ④ 회의 시간에 중요하지 않은 말도 해야 합니다.

24. ① 컵을 사용한 사람이 설거지해야 합니다.

　　 ② 냄새가 안 나는 컵은 씻지 않아도 됩니다.

　　 ③ 여러 개를 모아서 설거지하는 게 좋습니다.

　　 ④ 컵을 사용한 후에는 바로 설거지해야 합니다.

25. 여자가 왜 이 이야기를 하고 있는지 고르십시오. (3점)

① 공사 날짜를 변경하려고
② 주차 규칙을 설명하려고
③ 주차 이동을 부탁하려고
④ 새로운 주차장을 소개하려고

26. 들은 내용과 같은 것을 고르십시오. (4점)

① 공사는 이번 주에 진행됩니다.
② 공사는 목요일 오전에 끝납니다.
③ 1층 주차장을 공사할 예정입니다.
④ 주차장에 차가 있어도 공사할 수 있습니다.

※ [27~28] 다음을 듣고 물음에 답하십시오.

27. 두 사람이 무엇에 대해 이야기를 하고 있는지 고르십시오. (3점)

① 인기 있는 간식
② 주문한 간식 확인
③ 간식이 부족한 이유
④ 간식이 남지 않게 하는 방법

28. 들은 내용과 같은 것을 고르십시오. (4점)

① 남자는 간식을 먹고 있습니다.
② 여자는 간식을 정리하고 있습니다.
③ 남자는 간식을 더 많이 주문하고 싶어 합니다.
④ 여자는 사람들이 좋아하는 간식을 조사했습니다.

※　**[29~30] 다음을 듣고 물음에 답하십시오.**

29. 남자가 성우가 되고 싶었던 이유를 고르십시오. (3점)

① 성우가 멋있어 보여서

② 선생님이 성우를 추천해서

③ 친구들이 연기를 칭찬해 줘서

④ 성우가 돈을 많이 벌 것 같아서

30. 들은 내용과 같은 것을 고르십시오. (4점)

① 남자는 짧은 시간에 성우가 되었습니다.

② 남자는 학생들에게 연기를 가르치고 있습니다.

③ 남자는 지금은 애니메이션을 좋아하지 않습니다.

④ 남자는 성우가 되기 전에 다른 일을 한 적이 있습니다.

※ **[31~33]** 무엇에 대한 내용입니까? <보기>와 같이 알맞은 것을 고르십시오. **(각 2점)**

─── 〈 보 기 〉 ───

우리는 학교에서 만났습니다. 우리는 같이 놉니다.

❶ 친구　　　② 위치　　　③ 주말　　　④ 나이

31.

오늘은 일요일입니다. 집에서 쉽니다.

① 약속　　　② 학교　　　③ 가족　　　④ 휴일

32.

저는 매일 달리기를 합니다. 농구도 합니다.

① 운동　　　② 이사　　　③ 날씨　　　④ 기분

33.

초콜릿을 먹습니다. 과자도 먹습니다.

① 간식　　　② 음료　　　③ 쇼핑　　　④ 선물

※ **[34~39]** <보기>와 같이 ( )에 들어갈 말로 가장 알맞은 것을 고르십시오.

〈 보 기 〉

친구의 생일입니다. 친구에게 편지를 ( ).

① 갑니다　　　❷ 씁니다　　　③ 입습니다　　　④ 읽습니다

---

34. (2점)

저는 머리가 짧습니다. 동생은 머리가 ( ).

① 깁니다　　　② 쌉니다　　　③ 높습니다　　　④ 싫습니다

35. (2점)

( )에 갑니다. 비행기를 탑니다.

① 학교　　　② 공항　　　③ 카페　　　④ 시장

36. (2점)

김치가 있습니다. 김치찌개를 ( ).

① 잡니다　　　② 봅니다　　　③ 잊습니다　　　④ 만듭니다

37. (3점)

일이 많습니다. 매일 ( ) 집에 갑니다.

① 늦게　　　② 오래　　　③ 조금　　　④ 빨리

※ **[34~39]** <보기>와 같이 (   )에 들어갈 말로 가장 알맞은 것을 고르십시오.

38. (3점)

오늘은 친구의 졸업식입니다. 친구(   ) 꽃을 줍니다.

① 만　　　② 는　　　③ 에게　　　④ 께서

39. (2점)

수업 시간에 늦었습니다. 택시를 (   ).

① 탑니다　　　② 씁니다　　　③ 보냅니다　　　④ 말합니다

※ **[40~42]** 다음을 읽고 맞지 <u>않는</u> 것을 고르십시오. (각 3점)

40.

① 여름 할인입니다.
② 백화점에서 할인합니다.
③ 모든 제품을 90% 할인합니다.
④ 6월 21일부터 할인을 시작합니다.

41.

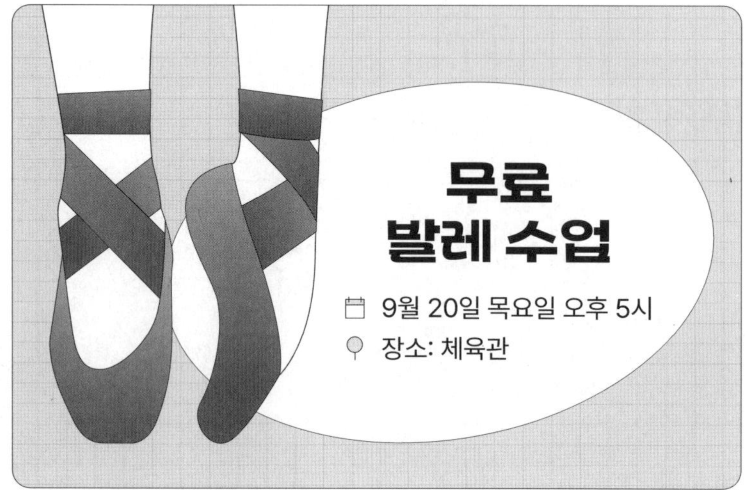

① 무료입니다.

② 오후에 합니다.

③ 체육관에서 합니다.

④ 매주 목요일마다 합니다.

42.

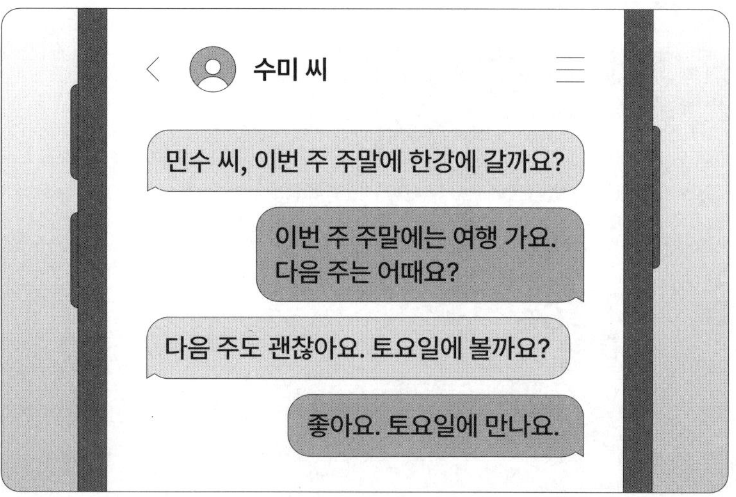

① 두 사람은 한강에 갈 겁니다.

② 두 사람은 토요일에 만납니다.

③ 수미 씨는 이번 주에 여행을 갑니다.

④ 민수 씨는 이번 주말에 시간이 없습니다.

※ **[43~45] 다음을 읽고 내용이 같은 것을 고르십시오.**

43. (3점)

> 우리 집 근처의 헬스장은 가격이 비쌉니다. 그런데 지금 할인 행사를 하고 있습니다. 저는 헬스장에 등록할 겁니다.

① 저는 운동을 좋아합니다.
② 헬스장은 집 근처에 있습니다.
③ 저는 헬스장에 다니고 있습니다.
④ 헬스장의 할인 행사가 끝났습니다.

44. (2점)

> 지난주에 우리 학교에서 빵 만들기 수업이 있었습니다. 저는 친구하고 같이 가서 빵을 만들었습니다. 제 빵이 친구 빵보다 맛있었습니다.

① 제 빵은 맛없었습니다.
② 친구는 빵을 못 먹었습니다.
③ 저는 학교에서 빵을 만들었습니다.
④ 어제 빵 만들기 수업이 있었습니다.

45. (3점)

> 저는 어렸을 때부터 축구를 좋아했습니다. 지금도 주말 아침마다 친구들과 축구를 합니다. 축구를 하면 스트레스가 풀립니다.

① 매일 축구를 합니다.
② 저는 축구를 잘합니다.
③ 최근에 축구를 시작했습니다.
④ 축구를 할 때 스트레스가 풀립니다.

※ **[46~48] 다음을 읽고 중심 내용을 고르십시오.**

46. (3점)

> 이번 주 금요일에 저는 회사에 가지 않습니다. 저는 친구들과 주말 동안 바다로 놀러 갑니다. 우리는 바다에서 수영도 하고 낚시도 할 겁니다.

① 수영과 낚시는 재미있습니다.
② 주말에 친구들과 여행을 갑니다.
③ 금요일에 회사를 그만둘 겁니다.
④ 바다 근처에서 일하고 싶습니다.

47. (3점)

> 저는 중요한 것을 자주 잊어버립니다. 어제도 숙제를 잊어버렸습니다. 이제부터 매일 메모를 하기로 했습니다.

① 숙제를 잊으면 안 됩니다.
② 사람은 모두 실수를 합니다.
③ 저는 메모하는 것을 좋아합니다.
④ 잊어버리는 습관을 고치고 싶습니다.

48. (2점)

> 저는 이사를 가려고 합니다. 오늘 집을 많이 봤지만 모두 너무 작았습니다. 내일 집을 더 볼 겁니다.

① 작은 집이 좋습니다.
② 집을 많이 봐야 합니다.
③ 빨리 이사하고 싶습니다.
④ 마음에 드는 집이 없습니다.

※　**[49~50] 다음을 읽고 물음에 답하십시오. (각 2점)**

> 　길을 걷다가 영화 촬영하는 사람들을 보았습니다. 제가 좋아하는 배우가 있었습니다. 저는 용기를 내서 인사를 했습니다. 배우가 활짝 (　　㉠　　) 인사도 해 주고, 사진도 찍어 주었습니다. 사진을 본 친구들이 정말 부러워했습니다.

49.　㉠에 들어갈 말로 가장 알맞은 것을 고르십시오.

① 웃으려고 ② 웃으면서

③ 웃었지만 ④ 웃을수록

50.　윗글의 내용과 같은 것을 고르십시오.

① 저는 길을 걷고 있었습니다.

② 저는 영화를 촬영하고 있었습니다.

③ 저는 좋아하는 친구들을 만났습니다.

④ 저는 잘 모르는 배우와 사진을 찍었습니다.

※　**[51~52] 다음을 읽고 물음에 답하십시오.**

> 　무인 아이스크림 가게에는 직원이 없습니다. 그래서 손님들은 아이스크림을 직접 계산해야 합니다. 가게에 들어가면 먼저 냉동고에서 먹고 싶은 아이스크림을 고릅니다. (　　㉠　　) 계산대에 가서 결제하면 됩니다. 직원이 없어도 쉽게 이용할 수 있어서 편리합니다.

51. ㉠에 들어갈 말로 가장 알맞은 것을 고르십시오. (3점)

① 그래서　　　　　　　② 그리고

③ 그래도　　　　　　　④ 그런데

52. 무엇에 대한 내용인지 맞는 것을 고르십시오. (2점)

① 무인 가게의 위치

② 무인 가게의 단점

③ 무인 가게를 이용하는 방법

④ 무인 가게에서 하면 안 되는 행동

※ **[53~54] 다음을 읽고 물음에 답하십시오.**

> 집 근처에 제가 좋아하는 카페가 있습니다. 그 카페는 음료 가격이 싸고 직원이 친절해서 손님이 많았습니다. 그 직원은 늘 밝게 인사해 주고 손님들이 자주 주문하는 것을 (㉠) 편했습니다. 그런데 최근에 직원이 갑자기 바뀌었습니다. 그 직원을 볼 수 없어서 아쉽지만 여전히 그 카페에 자주 가고 있습니다.

53. ㉠에 들어갈 말로 가장 알맞은 것을 고르십시오. (2점)

① 기억하다가 ② 기억하려고

③ 기억하면서 ④ 기억해 주어서

54. 윗글의 내용과 같은 것을 고르십시오. (3점)

① 그 카페의 음료는 쌉니다.

② 그 카페는 집에서 멉니다.

③ 최근에 그 카페가 없어졌습니다.

④ 저는 그 카페에 자주 가지 않습니다.

※　[55~56] 다음을 읽고 물음에 답하십시오.

> 　여름마다 인주시 공원에 야외 수영장이 열립니다. 이 수영장은 누구나 저렴한 가격으로 이용할 수 있습니다. 수영장 옆에는 어린이를 위한 물놀이터도 있어 (　　ㄱ　　) 좋습니다. 올해는 7월 1일부터 8월 31일까지 운영되며, 매일 오전 9시부터 오후 7시까지 이용할 수 있습니다.

55. ㄱ에 들어갈 말로 가장 알맞은 것을 고르십시오. (2점)

① 조용히 쉬기　　　　　　② 어른들과 놀기

③ 사람들과 친해지기　　　④ 아이들과 함께 오기

56. 윗글의 내용과 같은 것을 고르십시오. (3점)

① 수영장 이용은 무료입니다.

② 8월까지 이용할 수 있습니다.

③ 주말에만 이용할 수 있습니다.

④ 어린이를 위한 공간은 없습니다.

57. (3점)

> (가) 인사를 할까 말까 고민했습니다.
>
> (나) 다음에는 제가 먼저 이웃에게 인사해야겠습니다.
>
> (다) 그때 그 사람이 웃으면서 저에게 먼저 인사했습니다.
>
> (라) 아파트 엘리베이터를 탔는데 어떤 사람이 타고 있었습니다.

① (가) - (다) - (나) - (라)　　② (가) - (라) - (나) - (다)
③ (라) - (다) - (나) - (가)　　④ (라) - (가) - (다) - (나)

58. (2점)

> (가) 나무가 쓰러져서 길이 없어지기도 합니다.
>
> (나) 비가 오랫동안 많이 내리면 땅이 약해집니다.
>
> (다) 비가 많이 온 후에 산에 갈 때는 조심해야 합니다.
>
> (라) 그러면 산에 있는 큰 나무들이 쓰러질 수 있습니다.

① (나) - (라) - (가) - (다)　　② (나) - (다) - (라) - (가)
③ (다) - (라) - (가) - (나)　　④ (다) - (가) - (라) - (나)

※　 **[59~60] 다음을 읽고 물음에 답하십시오.**

> 얼마 전 회사의 창고를 정리했습니다. (　　㉠　　) 창고에 안 쓰는 물건이 많았고 필요한 물건을 찾기도 어려웠기 때문입니다. (　　㉡　　) 저와 제 동료들은 먼저 창고에서 안 쓰는 물건을 버렸습니다. (　　㉢　　) 창고가 깨끗해지고 물건을 쉽게 찾을 수 있어서 모두가 좋아했습니다. (　　㉣　　)

59. 다음 문장이 들어갈 곳으로 가장 알맞은 것을 고르십시오. (2점)

> 그리고 사용할 물건들은 튼튼한 상자에 정리했습니다.

① ㉠　　　　　② ㉡　　　　　③ ㉢　　　　　④ ㉣

60. 윗글의 내용과 같은 것을 고르십시오. (3점)

① 저는 상자를 버렸습니다.
② 저는 혼자 창고를 정리했습니다.
③ 창고에는 안 쓰는 물건이 많았습니다.
④ 창고 정리는 아직 끝나지 않았습니다.

> 　　그저께 친구를 만나려고 집을 나섰습니다. 저는 휴대폰을 보면서 걷다가 돌에 걸려서 넘어졌습니다. 반바지를 입어서 무릎을 크게 다치고 무릎에서 피도 많이 났습니다. 너무 아파서 눈물이 (　　　㉠　　　). 지나가던 아주머니께서 휴지를 주셔서 피를 닦았습니다. 약국에서 약과 반창고도 사 주셔서 정말 고마웠습니다.

61. ㉠에 들어갈 말로 가장 알맞은 것을 고르십시오.

① 나야 했습니다　　　　　　② 나지 않았습니다

③ 날 것 같았습니다　　　　　④ 날 수 없었습니다

62. 윗글의 내용과 같은 것을 고르십시오.

① 저는 팔을 다쳤습니다.

② 아주머니께서 저를 도와주셨습니다.

③ 넘어져서 휴대폰을 잃어버렸습니다.

④ 저는 약국에 가서 반창고를 샀습니다.

공지 사항

제10회 '인주시 눈사람 만들기 대회'가 열립니다. 눈사람 만들기 대회는 두 명 이상 네 명 이하의 팀으로만 참가할 수 있습니다. 가장 큰 눈사람을 만드는 팀과 가장 특별한 눈사람을 만드는 팀에게는 각각 100만 원을 드립니다. 시민 여러분의 많은 관심 부탁드립니다.

일시	2026년 2월 2일 9:00~12:00
장소	인주시 눈사람 공원
참가비	20,000원

* 참가하는 모든 분들에게는 눈사람 모양의 빵과 인형을 드립니다.

63. 왜 윗글을 썼는지 맞는 것을 고르십시오. (2점)

① 대회에 많이 오게 하려고
② 대회의 역사를 설명하려고
③ 대회에 필요한 돈을 모으려고
④ 대회에 참가하는 팀을 소개하려고

64. 윗글의 내용과 같은 것을 고르십시오. (3점)

① 대회 참가비는 무료입니다.
② 대회는 한 시간 동안 열립니다.
③ 대회는 팀으로만 참가할 수 있습니다.
④ 눈사람 모양의 빵을 만드는 대회입니다.

> 　당근은 색이 예쁘고 맛도 좋아서 많은 사람들이 좋아하는 채소입니다. 비타민이 많아서 눈 건강에 좋습니다. 피부에도 도움이 됩니다. 그런데 당근을 너무 오래 (　　㉠　　) 영양소가 줄어들 수 있습니다. 그래서 당근은 보통 살짝 익히거나 생으로 먹습니다. 또 당근 주스로 마시는 사람도 많습니다.

65. ㉠에 들어갈 말로 가장 알맞은 것을 고르십시오. (2점)

① 먹으면 　　　　　　　　　② 익히면

③ 씻으면 　　　　　　　　　④ 보관하면

66. 윗글의 내용과 같은 것을 고르십시오. (3점)

① 당근은 눈 건강에 좋습니다.
② 당근은 오래 익혀야 맛있습니다.
③ 당근은 생으로 먹기 어렵습니다.
④ 당근을 주스로 마시는 사람은 적습니다.

> 사무실이나 학교에서 높이 조절 책상을 쓰는 사람들이 많아지고 있습니다. 높이 조절 책상은 서서 일하거나 공부할 수 있도록 만든 책상입니다. 이 책상을 사용하면 (㉠   ) 시간이 줄어들어 건강에 도움이 됩니다. 특히 허리와 목에 좋고, 졸릴 때 사용하기도 좋습니다. 건강을 생각하는 사람들이 많아질수록 높이 조절 책상을 사용하는 곳이 점점 늘고 있습니다.

67. ㉠에 들어갈 말로 가장 알맞은 것을 고르십시오.

① 서서 운동하는   ② 오래 앉아 있는

③ 열심히 공부하는   ④ 건강을 생각하는

68. 윗글의 내용과 같은 것을 고르십시오.

① 높이 조절 책상을 사용하면 더 졸립니다.
② 높이 조절 책상은 허리와 목 건강에 도움이 됩니다.
③ 높이 조절 책상을 쓰는 사람들이 줄어들고 있습니다.
④ 높이 조절 책상은 누워서 쓸 수 있도록 만든 책상입니다.

※　　**[69~70] 다음을 읽고 물음에 답하십시오. (각 3점)**

> 　　어제 친구랑 약속이 있었는데 아침에 핸드폰이 갑자기 고장 났습니다. 화면이 꺼져서 아무것도 볼 수 없었고 전화를 할 수도 없었습니다. 처음에는 배터리가 없는 줄 알고 충전기를 꽂았지만 (　　㉠　　). 그래서 집에서 가까운 가게에 가서 핸드폰을 보여 주었습니다. 직원은 핸드폰을 고쳐야 한다고 했습니다. 핸드폰을 고치고 가느라 약속 시간에 늦었습니다. 다행히 친구는 제 말을 듣고 이해해 주었습니다. 친구에게 정말 고마웠습니다.

69. ㉠에 들어갈 말로 가장 알맞은 것을 고르십시오.

① 잘 보였습니다　　　　　② 약속에 늦었습니다

③ 켜지지 않았습니다　　　④ 전화가 잘되었습니다

70. 윗글의 내용으로 알 수 있는 것을 고르십시오.

① 핸드폰을 비싸게 고쳤습니다.

② 어제 친구가 집으로 찾아왔습니다.

③ 집에서 먼 가게에서 핸드폰을 고쳤습니다.

④ 핸드폰을 고치고 친구를 만나러 갔습니다.

제3회 모의고사
by Talk To Me In Korean

TOPIK I

듣기, 읽기
(Listening, Reading)

수험번호(Registration No.)	
이 름 (Name)	한국어(Korean)
	영 어(English)

유 의 사 항
Information

1. 시험 시작 지시가 있을 때까지 문제를 풀지 마십시오.

   Do not open the booklet until you are allowed to start.

2. 수험번호와 이름을 정확하게 적어 주십시오.

   Write your name and registration number on the answer sheet.

3. 답안지를 구기거나 훼손하지 마십시오.

   Do not fold the answer sheet; keep it clean.

4. 답안지의 이름, 수험번호 및 정답의 기입은 배부된 펜을 사용하여 주십시오.

   Use the given pen only.

5. 정답은 답안지에 정확하게 표시하여 주십시오.

   Mark your answer accurately and clearly on the answer sheet.

6. 문제를 읽을 때에는 소리가 나지 않도록 하십시오.

   Keep quiet while answering the questions.

7. 질문이 있을 때에는 손을 들고 감독관이 올 때까지 기다려 주십시오.

   When you have any questions, please raise your hand.

※　[1~4] 다음을 듣고 <보기>와 같이 물음에 맞는 대답을 고르십시오.

―――――――― 〈 보 기 〉 ――――――――

가: 딸기가 맛있어요?
나: ______________________________

❶ 네, 맛있어요.　　　　　② 네, 딸기예요.
③ 아니요, 딸기가 없어요.　　④ 아니요, 딸기가 좋아요.

1. (4점)

① 네, 먹었어요.　　　　　② 네, 밥이 없어요.
③ 아니요, 밥이에요.　　　④ 아니요, 밥을 먹어요.

2. (4점)

① 네, 안 봤어요.　　　　　② 네, 영화를 봐요.
③ 아니요, 좋아해요.　　　④ 아니요, 못 봤어요.

3. (3점)

① 지금이에요.　　　　　② 시계가 있어요.
③ 시간이 없어요.　　　④ 세 시 반이에요.

4. (3점)

① 자주 가요.　　　　　② 집으로 가요.
③ 지하철로 가요.　　　④ 어머니랑 가요.

※   [5~6] 다음을 듣고 <보기>와 같이 이어지는 말을 고르십시오.

<보 기>

가: 안녕하세요.
나: ___________________________

❶ 반가워요.   ② 괜찮아요.
③ 안녕히 계세요.   ④ 안녕히 가세요.

5.   (4점)

① 네, 알아요.   ② 네, 잘 가요.
③ 잘 지냈어요.   ④ 오랜만이에요.

6.   (3점)

① 아니에요.   ② 고마워요.
③ 여기 보세요.   ④ 잠깐 기다리세요.

※   [7~10] 여기는 어디입니까? <보기>와 같이 알맞은 것을 고르십시오.

<보 기>

가: 이 사과는 얼마예요?
나: 천 원입니다.

① 서점   ❷ 가게   ③ 호텔   ④ 기차

7.   (3점)

① 거실   ② 식당   ③ 택시   ④ 회사

8.   (3점)

① 빵집   ② 버스   ③ 학교   ④ 약국

9. (3점)

① 미술관　　　② 우체국　　　③ 경찰서　　　④ 미용실

10. (4점)

① 정류장　　　② 놀이터　　　③ 화장실　　　④ 백화점

※ **[11~14]** 다음은 무엇에 대해 말하고 있습니까? <보기>와 같이 알맞은 것을 고르십시오.

〈 보 기 〉

가: 몇 살이에요?

나: 스물세 살이에요.

① 날짜　　　② 교통　　　❸ 나이　　　④ 나라

11. (3점)

① 직업　　　② 이사　　　③ 메뉴　　　④ 이름

12. (3점)

① 크기　　　② 가격　　　③ 산책　　　④ 약속

13. (4점)

① 병원　　　② 요리　　　③ 기분　　　④ 운동

14. (3점)

① 건강　　　② 식당　　　③ 여행　　　④ 영화

15.

① 　② 

③ 　④ 

16.

① 　② 

③ 　④ 

※　**[17~21] 다음을 듣고 <보기>와 같이 대화 내용과 같은 것을 고르십시오. (각 3점)**

〈 보 기 〉

여자: 집에서 뭐 해요?

남자: 동생이랑 드라마를 봐요.

① 여자는 집에 있습니다.　　❷ 남자는 동생이 있습니다.

③ 여자는 드라마를 봅니다.　　④ 남자는 공부하고 있습니다.

17.　① 여자의 머리끈은 노란색입니다.

② 남자는 수미 씨를 찾고 있습니다.

③ 여자는 머리끈을 잃어버렸습니다.

④ 남자는 여자의 머리끈을 주웠습니다.

18.　① 여자는 60대입니다.

② 남자는 향수를 사고 있습니다.

③ 여자는 향수를 포장해 주었습니다.

④ 남자가 고른 향수는 인기가 없습니다.

19.　① 남자는 화장실에 가려고 합니다.

② 여자는 화장실에 갔다 왔습니다.

③ 남자는 화장실 열쇠를 가지고 있습니다.

④ 여자는 남자에게 화장실 열쇠를 줬습니다.

20.　① 여자는 가족과 여행을 갑니다.

② 두 사람은 함께 쇼핑할 겁니다.

③ 남자는 여행지를 추천해 줬습니다.

④ 인주시에서는 쇼핑을 하기 어렵습니다.

※　[17~21] 다음을 듣고 <보기>와 같이 대화 내용과 같은 것을 고르십시오. (각 3점)

21. ① 남자는 과제를 하고 있습니다.
② 여자는 과제를 아직 다 못 했습니다.
③ 여자는 남자의 과제를 도와줬습니다.
④ 남자는 과제가 있는 것을 몰랐습니다.

※　[22~24] 다음을 듣고 여자의 중심 생각을 고르십시오. (각 3점)

22. ① 동료의 강아지를 돌봐 주고 싶습니다.
② 강아지가 있으면 일할 때 도움이 됩니다.
③ 강아지와 출근하는 회사가 많아져야 합니다.
④ 사무실에 강아지를 데리고 와도 괜찮습니다.

23. ① 아플 때는 약을 빨리 먹는 게 좋습니다.
② 조금 아프면 약을 조금만 먹어도 됩니다.
③ 아파도 약을 안 먹고 참는 것이 좋습니다.
④ 빨리 나으려면 약국보다 병원에 가야 합니다.

24. ① 휴대폰을 오래 쓰는 것이 좋습니다.
② 새로운 걸 경험하는 것이 중요합니다.
③ 새 휴대폰이 나올 때마다 바꿔야 합니다.
④ 휴대폰이 고장 나기 전에 팔고 싶습니다.

※ **[25~26] 다음을 듣고 물음에 답하십시오.**

25. 여자가 왜 이 이야기를 하고 있는지 고르십시오. (3점)

    ① 전시회가 취소되어서

    ② 전시회 장소가 바뀌어서

    ③ 작품을 설명하기 위해서

    ④ 전시회 일정을 알리기 위해서

26. 들은 내용과 같은 것을 고르십시오. (4점)

    ① 전시회는 다음 주에 열립니다.

    ② 학생회에서 그림을 그렸습니다.

    ③ 전시회는 학생회관에서 열립니다.

    ④ 그림 동아리에서 그림을 설명해 줍니다.

※ **[27~28] 다음을 듣고 물음에 답하십시오.**

27. 두 사람이 무엇에 대해 이야기를 하고 있는지 고르십시오. (3점)

    ① 중고 물건의 장점

    ② 중고 물건을 버리는 장소

    ③ 물건을 기부해야 하는 이유

    ④ 물건을 편하게 기부하는 방법

28. 들은 내용과 같은 것을 고르십시오. (4점)

    ① 남자는 주말에 옷을 정리했습니다.

    ② 남자는 중고 물건을 파는 일을 합니다.

    ③ 여자는 안 입은 옷을 기부하려고 합니다.

    ④ 여자는 정리한 옷을 집 앞에 두었습니다.

29. 남자가 머리를 자른 이유를 고르십시오. (3점)

① 팬들이 원해서

② 긴 머리가 불편해서

③ 다음 작품을 위해서

④ 색다른 모습을 보여 주고 싶어서

30. 들은 내용과 같은 것을 고르십시오. (4점)

① 남자는 다시 머리를 기를 겁니다.

② 남자는 머리를 자르고 싶었습니다.

③ 남자는 운동에만 집중하려고 합니다.

④ 남자의 팬들은 짧은 머리를 좋아합니다.

※ **[31~33]** 무엇에 대한 내용입니까? <보기>와 같이 알맞은 것을 고르십시오. **(각 2점)**

― 〈 보 기 〉 ―

우리는 학교에서 만났습니다. 우리는 같이 놉니다.

❶ 친구   ② 위치   ③ 주말   ④ 나이

31.

집 근처에 편의점이 있습니다. 편의점이 가깝습니다.

① 날짜   ② 위치   ③ 요리   ④ 소개

32.

인주에서 태어났습니다. 인주에서 자랐습니다.

① 직업   ② 나라   ③ 고향   ④ 여행

33.

동생의 생일입니다. 저녁에 생일 파티가 있습니다.

① 축제   ② 시간   ③ 계획   ④ 친구

〈 보 기 〉

친구의 생일입니다. 친구에게 편지를 (   ).

① 갑니다 ❷ 씁니다 ③ 입습니다 ④ 읽습니다

34. (2점)

봄이 되었습니다. 날씨가 (   ).

① 어렵습니다 ② 가깝습니다 ③ 무겁습니다 ④ 따뜻합니다

35. (2점)

(   )을 꺼냅니다. 공부를 합니다.

① 필통 ② 거울 ③ 달력 ④ 치약

36. (2점)

집에 손님이 옵니다. 방을 (   ).

① 운동합니다 ② 환영합니다 ③ 청소합니다 ④ 노력합니다

37. (3점)

주말에 테니스를 (   ). 테니스가 재밌습니다.

① 삽니다 ② 칩니다 ③ 가집니다 ④ 읽습니다

38. (3점)

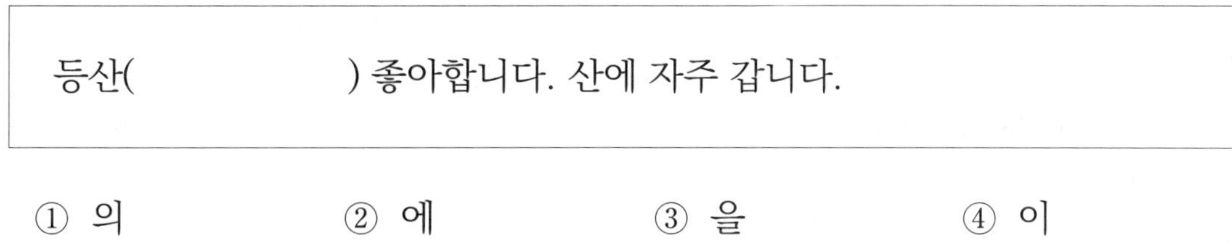

등산( ) 좋아합니다. 산에 자주 갑니다.

① 의　　　　② 에　　　　③ 을　　　　④ 이

39. (2점)

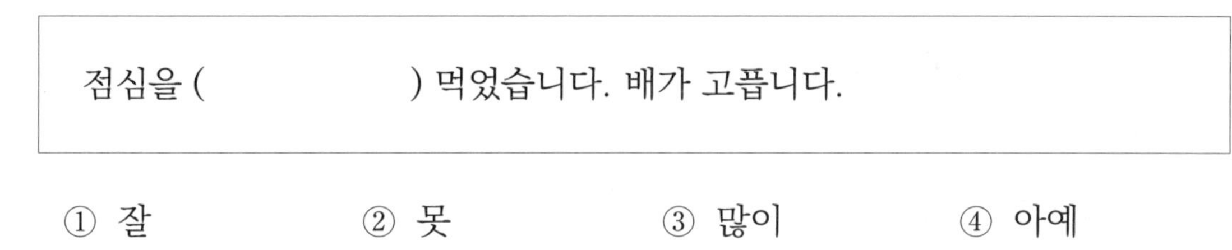

점심을 ( ) 먹었습니다. 배가 고픕니다.

① 잘　　　　② 못　　　　③ 많이　　　　④ 아예

※　[40~42] 다음을 읽고 맞지 <u>않는</u> 것을 고르십시오. (각 3점)

40.

① 깨끗합니다.

② 운동화입니다.

③ 오만 원입니다.

④ 많이 신었습니다.

41.

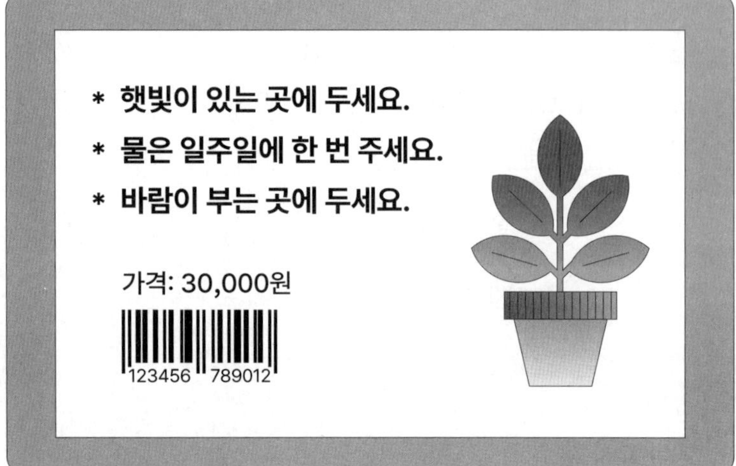

① 삼만 원입니다.

② 물을 한 달에 한 번 줘야 합니다.

③ 바람이 부는 곳에 두어야 합니다.

④ 햇빛이 있는 곳에 두어야 합니다.

42.

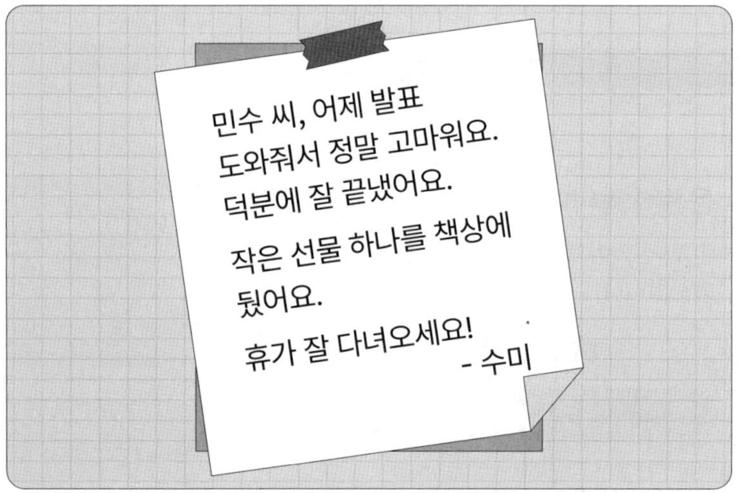

① 수미는 휴가를 갔습니다.

② 민수가 발표를 도와줬습니다.

③ 수미는 어제 발표를 했습니다.

④ 민수의 책상에 선물이 있습니다.

 [43~45] 다음을 읽고 내용이 같은 것을 고르십시오.

43. (3점)

> 저는 오늘 새 신발을 신고 학교에 갔습니다. 그런데 눈이 많이 와서 새 신발이 더러워졌습니다. 기분이 안 좋았습니다.

① 오늘 눈이 왔습니다.
② 저는 눈을 싫어합니다.
③ 오늘 학교에 못 갔습니다.
④ 새 신발을 사고 싶습니다.

44. (2점)

> 저는 점심을 먹고 설거지를 했습니다. 어머니가 좋아하시는 컵을 깼습니다. 그런데 어머니가 화를 내지 않으셨습니다.

① 저는 컵을 깼습니다.
② 저는 설거지를 자주 합니다.
③ 어머니가 설거지를 좋아하십니다.
④ 컵을 깨서 어머니가 화를 내셨습니다.

45. (3점)

> 제 친구는 다음 달에 회사를 그만둡니다. 그래서 우리는 친구를 위해 파티를 준비했습니다. 친구가 아주 좋아했습니다.

① 저는 회사를 그만두었습니다.
② 친구는 파티를 안 좋아했습니다.
③ 친구를 위해 파티를 준비했습니다.
④ 제 친구는 다음 달에 새 회사로 갑니다.

※ **[46~48]** 다음을 읽고 중심 내용을 고르십시오.

46. (3점)

> 이번 주말에 제 친구가 결혼합니다. 저는 친구가 결혼해서 정말 기쁩니다. 저는 친구에게 결혼 선물을 줄 겁니다.

① 저도 결혼하고 싶습니다.
② 저는 친구의 결혼식에 갑니다.
③ 친구는 비싼 선물을 좋아합니다.
④ 친구가 결혼해서 기분이 좋습니다.

47. (3점)

> 저는 오래된 카메라를 가지고 있습니다. 이제 카메라가 켜지지 않습니다. 사진을 찍을 수 없습니다.

① 집에 카메라가 많습니다.
② 카메라가 고장 났습니다.
③ 오래된 카메라가 좋습니다.
④ 저는 사진을 찍고 싶습니다.

48. (2점)

> 저는 달리기를 좋아합니다. 친구와 함께 마라톤 대회에 나가기로 했습니다. 매일 열심히 연습하고 있습니다.

① 달리기는 힘듭니다.
② 대회는 중요하지 않습니다.
③ 대회를 열심히 준비하고 있습니다.
④ 건강을 위해 달리기를 해야 합니다.

※　[49~50] 다음을 읽고 물음에 답하십시오. (각 2점)

> 저는 주말에 친구가 일하는 카페에 갔습니다. 손님이 정말 많아서 친구의 일을 도와줬습니다. 하루 종일 커피를 만들고 테이블을 정리했습니다. 일이 끝나고 친구와 놀기로 했습니다. 그런데 끝나고 나니까 너무 피곤해서 바로 집에 (　　㉠　　).

49. ㉠에 들어갈 말로 가장 알맞은 것을 고르십시오.

① 가야 했습니다　　　　　　　② 가고 있었습니다

③ 가지 않았습니다　　　　　　④ 갈 수 없었습니다

50. 윗글의 내용과 같은 것을 고르십시오.

① 저는 카페에 손님으로 갔습니다.

② 친구의 카페에는 손님이 없었습니다.

③ 저는 주말에 친구와 커피를 마셨습니다.

④ 친구의 카페에서 친구의 일을 도와줬습니다.

> 　　인주대학교에는 학생들이 쉴 수 있는 휴게 공간이 있습니다. 그곳에서는 친구들과 놀거나 공부할 수 있습니다. 또 간단한 요리를 하거나 음식을 시켜서 먹어도 됩니다. (　　　㉠　　　) 많은 사람들이 함께 쓰는 공간이기 때문에 서로를 배려해야 합니다.

51.　㉠에 들어갈 말로 가장 알맞은 것을 고르십시오. (3점)

①　그러면　　　　　　　　②　그래서

③　그러니까　　　　　　　④　그렇지만

52.　무엇에 대한 내용인지 맞는 것을 고르십시오. (2점)

①　휴게 공간에 필요한 물건들

②　휴게 공간에서 할 수 있는 일

③　휴게 공간이 있어야 하는 이유

④　휴게 공간을 이용할 수 있는 시간

> 　　저는 지금 가족과 함께 부산으로 여행을 와 있습니다. 오전에 바닷가에서 즐겁게 놀고 있었는데, 갑자기 집의 에어컨을 껐는지 기억이 나지 않았습니다. 어머니도, 아버지도, 동생도 (　　　㉠　　　) 없다고 했습니다. 여행이 3일이나 남았는데 너무 걱정이 됩니다. 다음에는 꼭 출발하기 전에 확인해야겠습니다.

53. ㉠에 들어갈 말로 가장 알맞은 것을 고르십시오. (2점)

① 끈 적이　　　　　　　　② 끈 후에

③ 끄고 나서　　　　　　　④ 끄게 되면

54. 윗글의 내용과 같은 것을 고르십시오. (3점)

① 어제 바다에서 수영을 했습니다.

② 오늘은 여행의 마지막 날입니다.

③ 출발하기 전에 에어컨을 껐습니다.

④ 가족과 함께 여행을 하고 있습니다.

> 이번 달에 인주시에 새로 생긴 실내 식물원이 인기입니다. 이 식물원은 축구장보다 약 70배 크고 한국에서 보기 어려운 꽃과 나무도 많습니다. 식물원 옆에는 예쁜 호수도 있습니다. 가족, 친구, 연인이 함께 오기 좋습니다. 평일에는 사람이 적어서 편하게 (㉠   ) 주말에는 사람이 정말 많아서 줄을 서야 합니다. 입장권은 인터넷이나 식물원 1층에서 살 수 있습니다.

55. ㉠에 들어갈 말로 가장 알맞은 것을 고르십시오. (2점)

① 살 수 있지만   ② 먹을 수 있지만

③ 만들 수 있지만   ④ 구경할 수 있지만

56. 윗글의 내용과 같은 것을 고르십시오. (3점)

① 한국에서 보기 어려운 꽃이 있습니다.

② 축구장과 크기가 똑같은 식물원입니다.

③ 인주시에 야외 식물원이 새로 생겼습니다.

④ 입장권은 식물원 어디에서나 살 수 있습니다.

57. (3점)

> (가) 하지만 아직 부족해서 더 열심히 연습할 겁니다.
> (나) 동영상을 보면서 하루에 한 시간씩 연습했습니다.
> (다) 그 결과 이제는 쉬운 곡을 연주할 수 있게 되었습니다.
> (라) 최근에 작은 기타처럼 생긴 우쿨렐레를 배우기 시작했습니다.

① (가) – (나) – (라) – (다)　　② (가) – (라) – (다) – (나)
③ (라) – (가) – (나) – (다)　　④ (라) – (나) – (다) – (가)

58. (2점)

> (가) 털이 뭉치면서 쉽게 정리됩니다.
> (나) 청소기가 없을 때 유용한 방법입니다.
> (다) 이럴 때는 고무장갑을 끼고 문질러 보세요.
> (라) 고양이 털이 옷이나 소파에 많이 묻을 때가 있습니다.

① (나) – (라) – (가) – (다)　　② (나) – (다) – (라) – (가)
③ (다) – (라) – (가) – (나)　　④ (다) – (가) – (라) – (나)

※ **[59~60] 다음을 읽고 물음에 답하십시오.**

한 달 전부터 우리 집 현관 위에 제비가 자주 날아왔습니다. (㉠) 알고 보니 제비들이 둥지를 짓고 있었습니다. (㉡) 그리고 며칠 전, 드디어 새끼 제비 소리가 들렸습니다. (㉢) 신기하고 귀여워서 매일 쳐다보고 있습니다. (㉣) 새끼 제비들이 건강하게 자랐으면 좋겠습니다.

59. 다음 문장이 들어갈 곳으로 가장 알맞은 것을 고르십시오. (2점)

어느새 둥지를 다 짓고 알도 낳았습니다.

① ㉠ ② ㉡ ③ ㉢ ④ ㉣

60. 윗글의 내용과 같은 것을 고르십시오. (3점)

① 한 달 전 새끼 제비가 태어났습니다.
② 우리 집에 제비가 둥지를 지었습니다.
③ 새끼 제비들이 어서 떠나면 좋겠습니다.
④ 저는 제비가 둥지 짓는 것을 도와줬습니다.

※　　**[61~62] 다음을 읽고 물음에 답하십시오. (각 2점)**

> 　　요즘 실내 암벽 등반이 인기가 많아서 저도 해 보았습니다. 다른 사람이 할 때는 쉬워 보였는데 직접 해 보니까 정말 어려웠습니다. 그리고 실내인데도 암벽 위에 올라가니까 높아서 좀 무서웠습니다. 이번 주말에는 처음으로 야외 암벽 등반을 (　　　㉠　　　). 진짜 암벽을 오르면 더 무서울 것 같습니다. 그래도 실내보다 더 재미있을 겁니다.

61. ㉠에 들어갈 말로 가장 알맞은 것을 고르십시오.

① 하려고 합니다　　　　　　② 하지 못합니다

③ 하고 있습니다　　　　　　④ 할 수 없습니다

62. 윗글의 내용과 같은 것을 고르십시오.

① 실내 암벽 등반의 인기가 줄고 있습니다.

② 실내 암벽 등반은 생각보다 어려웠습니다.

③ 실내 암벽 등반이 야외보다 더 재미있습니다.

④ 저는 야외에서 암벽 등반을 한 적이 있습니다.

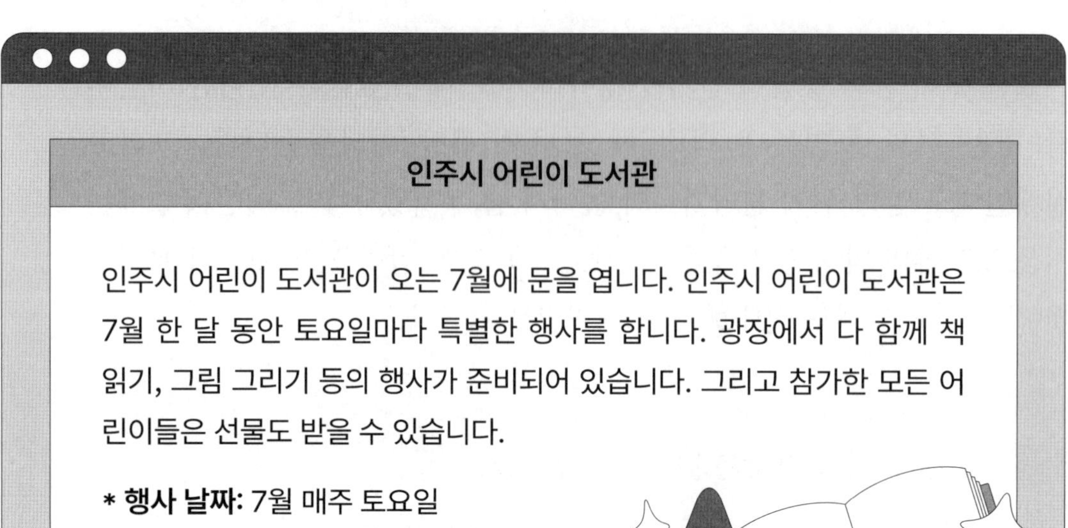

63. 왜 윗글을 썼는지 맞는 것을 고르십시오. (2점)

①　행사 장소를 바꾸려고

②　어린이 책을 추천하려고

③　도서관 행사를 소개하려고

④　도서관이 문 여는 날을 알리려고

64. 윗글의 내용과 같은 것을 고르십시오. (3점)

①　행사는 일요일에 진행합니다.

②　행사에 참가하면 선물을 받습니다.

③　도서관 행사는 참가비가 있습니다.

④　도서관은 최근에 문을 열었습니다.

> 　얼음을 갈아서 팥과 함께 먹는 팥빙수는 여름철 인기 간식입니다. 하지만 옛날에는 왕실에서만 얼음이 들어간 간식을 먹었습니다. (　　㉠　　) 어려웠기 때문입니다. 왕들은 잘 보관한 얼음을 갈아서 과일과 먹거나 물에 넣어서 시원하게 마셨습니다. 그리고 시간이 많이 흘러 지금처럼 팥이나 떡이 들어간 빙수가 생겼습니다.

65. ㉠에 들어갈 말로 가장 알맞은 것을 고르십시오. (2점)

① 물을 찾기가　　　　　　　② 팥을 먹기가

③ 떡을 만들기가　　　　　　④ 얼음을 보관하기가

66. 윗글의 내용과 같은 것을 고르십시오. (3점)

① 팥빙수는 여름에 많이 먹습니다.

② 옛날에는 얼음을 갈지 못했습니다.

③ 옛날에는 누구나 얼음을 먹을 수 있었습니다.

④ 왕실에서는 팥과 떡을 얼음과 같이 먹었습니다.

> 　　요즘 편의점에서는 유명 캐릭터 회사와 함께 만든 제품을 자주 볼 수 있습니다. 귀여운 캐릭터가 그려진 과자나 음료를 팔기도 하고, 초콜릿을 사면 캐릭터 스티커를 주기도 합니다. 이런 캐릭터 제품은 개수가 정해진 경우가 많아서 빨리 사야 할 때도 있습니다. (　　　㉠　　　) 일부러 편의점에 가는 사람들도 있습니다. 편의점은 이제 단순히 생활에 필요한 물건만 파는 곳이 아닙니다.

67. ㉠에 들어갈 말로 가장 알맞은 것을 고르십시오.

① 싼 제품을 찾기 위해　　　　② 음료수를 마시기 위해
③ 가까운 곳에 가기 위해　　　　④ 이런 물건을 사기 위해

68. 윗글의 내용과 같은 것을 고르십시오.

① 캐릭터 스티커는 인기가 없습니다.
② 편의점에서는 과자와 음료수만 팝니다.
③ 캐릭터 제품은 개수가 정해진 경우가 많습니다.
④ 음료수를 사야 캐릭터 제품을 받을 수 있습니다.

※ **[69~70] 다음을 읽고 물음에 답하십시오. (각 3점)**

> 저는 아침에 일어나서 찬물로 샤워를 합니다. 찬물 샤워가 건강에 좋다고 들었기 때문입니다. 처음에는 물이 너무 차가워서 정말 힘들었습니다. 하루는 너무 추워서 소리를 지른 적도 있습니다. 하지만 찬물 샤워가 (㉠   ) 참고 계속했습니다. 일주일 동안 계속하니까 몸이 차가운 물에 점점 익숙해져서 이제는 찬물 샤워를 매일 하고 있습니다. 찬물로 샤워를 하면 잠도 빨리 깨고 몸도 가벼워지는 것 같습니다. 친구들은 저를 보고 정말 대단하다고 합니다.

69. ㉠에 들어갈 말로 가장 알맞은 것을 고르십시오.

① 추워서　　　　　　　　　② 재미있어서
③ 건강에 좋아서　　　　　　④ 기분이 좋아서

70. 윗글의 내용으로 알 수 있는 것을 고르십시오.

① 저는 아침마다 찬물로 샤워를 합니다.
② 저는 찬물 샤워를 처음부터 좋아했습니다.
③ 친구들도 함께 찬물 샤워를 시작했습니다.
④ 찬물 샤워를 하고 난 후로 잠이 늦게 깹니다.

제2회 모의고사
TOPIK I
듣기, 읽기

성 명 (Name)	한 국 어 (Korean)	
	영 어 (English)	

수 험 번 호

※결 시 확인란 / 결시자의 영어 성명 및 수험번호 기재 후 표기

※답안지 표기 방법(Marking examples)

바른 방법(Correct) / 바르지 못한 방법(Incorrect)

※ 위 사항을 지키지 않아 발생하는 불이익은 응시자에게 있습니다.

감독관 확인 / 본인 및 수험번호 표기가 정확한지 확인 / (인)

번호	답란				번호	답란				번호	답란				번호	답란			
1	①	②	③	④	21	①	②	③	④	41	①	②	③	④	61	①	②	③	④
2	①	②	③	④	22	①	②	③	④	42	①	②	③	④	62	①	②	③	④
3	①	②	③	④	23	①	②	③	④	43	①	②	③	④	63	①	②	③	④
4	①	②	③	④	24	①	②	③	④	44	①	②	③	④	64	①	②	③	④
5	①	②	③	④	25	①	②	③	④	45	①	②	③	④	65	①	②	③	④
6	①	②	③	④	26	①	②	③	④	46	①	②	③	④	66	①	②	③	④
7	①	②	③	④	27	①	②	③	④	47	①	②	③	④	67	①	②	③	④
8	①	②	③	④	28	①	②	③	④	48	①	②	③	④	68	①	②	③	④
9	①	②	③	④	29	①	②	③	④	49	①	②	③	④	69	①	②	③	④
10	①	②	③	④	30	①	②	③	④	50	①	②	③	④	70	①	②	③	④
11	①	②	③	④	31	①	②	③	④	51	①	②	③	④					
12	①	②	③	④	32	①	②	③	④	52	①	②	③	④					
13	①	②	③	④	33	①	②	③	④	53	①	②	③	④					
14	①	②	③	④	34	①	②	③	④	54	①	②	③	④					
15	①	②	③	④	35	①	②	③	④	55	①	②	③	④					
16	①	②	③	④	36	①	②	③	④	56	①	②	③	④					
17	①	②	③	④	37	①	②	③	④	57	①	②	③	④					
18	①	②	③	④	38	①	②	③	④	58	①	②	③	④					
19	①	②	③	④	39	①	②	③	④	59	①	②	③	④					
20	①	②	③	④	40	①	②	③	④	60	①	②	③	④					

제3회 모의고사
TOPIK I
듣기, 읽기

성 명 (Name)	한 국 어 (Korean)	
	영 어 (English)	

수 험 번 호

7

※결 시
확인란 — 결시자의 영어 성명 및 수험번호 기재 후 표기

※답안지 표기 방법 (Marking examples)

바른 방법(Correct)	바르지 못한 방법 (Incorrect)
●	⊘ ⊙ ◖ ⊗ ❂

※ 위 사항을 지키지 않아 발생하는 불이익은 응시자에게 있습니다.

감독관 확인	본인 및 수험번호 표기가 정확한지 확인	(인)

번호	답	란		번호	답	란		번호	답	란		번호	답	란
1	① ② ③ ④			21	① ② ③ ④			41	① ② ③ ④			61	① ② ③ ④	
2	① ② ③ ④			22	① ② ③ ④			42	① ② ③ ④			62	① ② ③ ④	
3	① ② ③ ④			23	① ② ③ ④			43	① ② ③ ④			63	① ② ③ ④	
4	① ② ③ ④			24	① ② ③ ④			44	① ② ③ ④			64	① ② ③ ④	
5	① ② ③ ④			25	① ② ③ ④			45	① ② ③ ④			65	① ② ③ ④	
6	① ② ③ ④			26	① ② ③ ④			46	① ② ③ ④			66	① ② ③ ④	
7	① ② ③ ④			27	① ② ③ ④			47	① ② ③ ④			67	① ② ③ ④	
8	① ② ③ ④			28	① ② ③ ④			48	① ② ③ ④			68	① ② ③ ④	
9	① ② ③ ④			29	① ② ③ ④			49	① ② ③ ④			69	① ② ③ ④	
10	① ② ③ ④			30	① ② ③ ④			50	① ② ③ ④			70	① ② ③ ④	
11	① ② ③ ④			31	① ② ③ ④			51	① ② ③ ④					
12	① ② ③ ④			32	① ② ③ ④			52	① ② ③ ④					
13	① ② ③ ④			33	① ② ③ ④			53	① ② ③ ④					
14	① ② ③ ④			34	① ② ③ ④			54	① ② ③ ④					
15	① ② ③ ④			35	① ② ③ ④			55	① ② ③ ④					
16	① ② ③ ④			36	① ② ③ ④			56	① ② ③ ④					
17	① ② ③ ④			37	① ② ③ ④			57	① ② ③ ④					
18	① ② ③ ④			38	① ② ③ ④			58	① ② ③ ④					
19	① ② ③ ④			39	① ② ③ ④			59	① ② ③ ④					
20	① ② ③ ④			40	① ② ③ ④			60	① ② ③ ④					

정답과 해설

제1회 모의고사

☑ **정답 및 배점표**
Answers and Point Breakdown

☑ **해설**
Explanations

듣기
읽기

제1회 모의고사　정답 및 배점표

Level: TOPIK I / Section: Listening

Number	Answer	Points
1	4	4
2	2	4
3	1	3
4	3	3
5	1	4
6	3	3
7	4	3
8	1	3
9	2	3
10	2	4
11	1	3
12	4	3
13	3	4
14	1	3
15	4	4
16	2	4
17	3	3
18	3	3
19	2	3
20	3	3
21	2	3
22	4	3
23	3	3
24	3	3
25	1	3
26	4	4
27	1	3
28	4	4
29	2	3
30	2	4

Level: TOPIK I / Section: Reading

Number	Answer	Points
31	1	2
32	3	2
33	4	2
34	4	2
35	2	2
36	3	2
37	4	3
38	1	3
39	3	2
40	3	3
41	2	3
42	1	3
43	1	3
44	4	2
45	2	3
46	2	3
47	2	3
48	4	2
49	4	2
50	3	2

Number	Answer	Points
51	2	3
52	1	2
53	1	2
54	2	3
55	3	2
56	1	3
57	3	3
58	1	2
59	2	2
60	3	3
61	3	2
62	4	2
63	3	2
64	1	3
65	4	2
66	1	3
67	4	3
68	2	3
69	2	3
70	4	3

🎧 **MP3 audio**

---

❷ 1~4　다음을 듣고 <보기>와 같이 물음에 맞는 대답을 고르십시오.

Listen to the following and choose the answer that matches the question, as shown in <Example>.

< 보 기 >
<Example>

가: 딸기가 맛있어요?
A: Are the strawberries delicious?

나: _______________________________

B: _______________________________

① **네, 맛있어요.**
　　Yes, they are delicious.

② 네, 딸기예요.
　　Yes, they are strawberries.

③ 아니요, 딸기가 없어요.
　　No, there are no strawberries.

④ 아니요, 딸기가 좋아요.
　　No, I like strawberries.

1　4점 (4 points)

남자: 지금 바빠요?
Man: Are you busy right now?

여자: _______________________________

Woman: _______________________________

① 네, 좋아요.
　　Yes, that is good.

② 네, 바빴어요.
　　Yes, I was busy.

③ 아니요, 자주 해요.
　　No, I do it often.

④ **아니요, 안 바빠요.**
　　No, I'm not busy.

◆ Since the man asked if the woman is busy now, she should answer either "Yes, I'm busy. (= 네, 바빠요.)" or "No, I'm not busy. (= 아니요, 안 바빠요.)"

2

> **여자:** 빵을 좋아해요?
>
> **Woman:** Do you like bread?
>
> **남자:** _______________________________
>
> **Man:** _______________________________

① 네, 빵이에요.
Yes, it's bread.

❷ 네, 빵을 좋아해요.
Yes, I like bread.

③ 아니요, 빵이 없어요.
No, there's no bread.

④ 아니요, 빵이 아니에요.
No, it's not bread.

● Since the woman asked if the man likes bread, he should answer either "Yes, I like bread. (= 네, 빵을 좋아해요.)" or "No, I don't like bread. (= 아니요, 빵을 안 좋아해요.)"

3

> **남자:** 이거 누구 책이에요?
>
> **Man:** Whose book is this?
>
> **여자:** _______________________________
>
> **Woman:** _______________________________

❶ 제 책이에요.
It's my book.

② 이 책이에요.
It's this book.

③ 책이 많아요.
There are many books.

④ 책을 읽어요.
I read the book.

▸ 누구 is an expression used to ask about a person. Therefore, the woman should answer using "[person] + 의." 제 is a shortened form of "저의 (= my)."

4

> **여자:** 약국이 어디에 있어요?
>
> **Woman:** Where is the pharmacy?
>
> **남자:** _______________________________
>
> **Man:** _______________________________

① 약국에 가요.
I'm going to the pharmacy.

② 버스로 가요.
I'm going by bus.

❸ 저기에 있어요.
It's over there.

④ 약국이 있어요.
There is a pharmacy.

- 어디 is an expression used to ask about a place. Therefore, the man should answer using "[place] + 에" like 저기에 있어요.

---

❷ 5~6　다음을 듣고 <보기>와 같이 이어지는 말을 고르십시오.

Listen to the following and choose the next statement as shown in <Example>.

> **< 보 기 >**
> **<Example>**
>
> **가**: 안녕하세요.
> A: Hello.
>
> **나**: _______________________
> B: _______________________
>
> **❶ 반가워요.**
> Nice to meet you.
>
> ② 괜찮아요.
> It's okay.
>
> ③ 안녕히 계세요.
> Take care.
>
> ④ 안녕히 가세요.
> Goodbye.

5　　4점 (4 points)

> **남자**: 고마워요.
> Man: Thank you.
>
> **여자**: _______________________
> Woman: _______________________

❶ 아니에요.
You're welcome.

② 축하해요.
Congratulations.

③ 미안해요.
I'm sorry.

④ 부탁해요.
Please.

- ◆ To the phrase "고마워요. (= Thank you)," the appropriate response is "아니에요. (= You're welcome.)"

> **여자:** 잘 먹겠습니다.
>
> **Woman:** Thank you for the meal. (lit. I will eat well.)
>
> **남자:** ___________________________
>
> **Man:** ___________________________

① 어서 오세요.
Welcome.

② 잘 지내세요.
Take care.

③ 맛있게 드세요.
Enjoy your meal.

④ 다음에 만나요.
See you next time.

- 잘 먹겠습니다 is a phrase said to the person who prepared the meal before eating. The person who prepared the food responds by saying 맛있게 드세요.

7~10 **여기는 어디입니까? <보기>와 같이 알맞은 것을 고르십시오.**

Where is this place? Choose the appropriate answer as shown in <Example>.

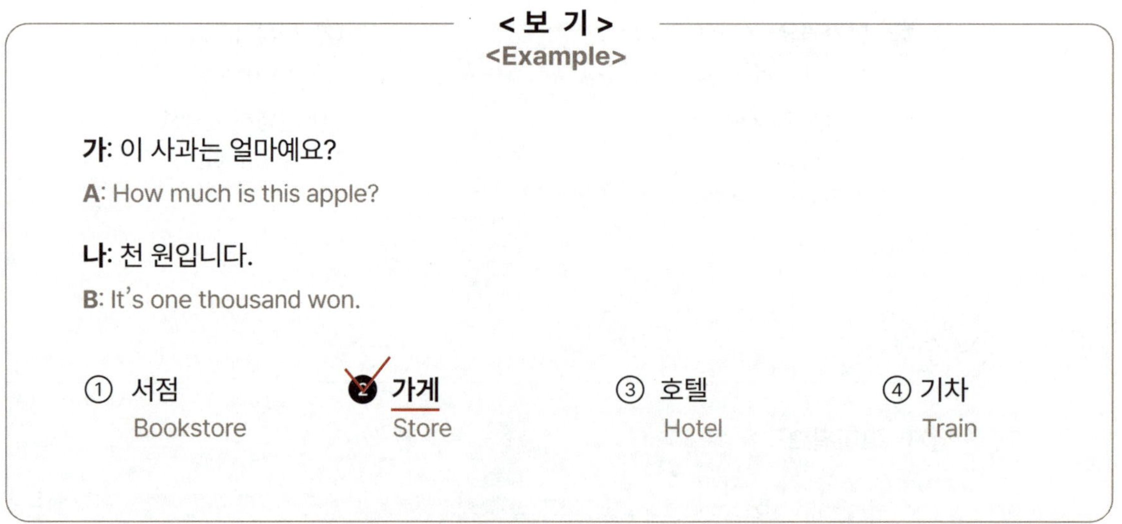

> **< 보 기 >**
> **<Example>**
>
> **가:** 이 사과는 얼마예요?
> **A:** How much is this apple?
>
> **나:** 천 원입니다.
> **B:** It's one thousand won.
>
> ① 서점　　② 가게　　③ 호텔　　④ 기차
> Bookstore　　Store　　Hotel　　Train

7

> **남자:** 어서 오세요. 뭐 찾으세요?
>
> **Man:** Welcome. What are you looking for?
>
> **여자:** 공책이랑 펜 사려고요.
>
> **Woman:** I'm here to buy a notebook and a pen.

① 극장
Theater

② 은행
Bank

③ 여행사
Travel agency

④ 문구점
Stationery store

◆ The place where you buy notebooks and pens is a stationery store.

8 3점 (3 points)

> **여자**: 안녕하세요. 비행기표랑 여권 보여 주세요.
> **Woman**: Hello. Please show me your boarding pass and passport.
>
> **남자**: 여기 있습니다.
> **Man**: Here they are.

① 공항
Airport

② 교실
Classroom

③ 시장
Market

④ 꽃집
Flower shop

● The place where you need a boarding pass and a passport is the airport.

9 3점 (3 points)

> **남자**: 수미 씨, 아직 퇴근 안 했어요?
> **Man**: Sumi, haven't you left work yet?
>
> **여자**: 네, 내일 회의 준비 하고 있어요.
> **Woman**: No, I'm preparing for tomorrow's meeting.

① 공원
Park

② 회사
Company

③ 카페
Café

④ 해변
Beach

▶ Asking if someone is still at work and preparing for a meeting are common situations that can take place in the workplace.

10 4점 (4 points)

> **여자**: 어떻게 오셨어요?
> **Woman**: What brings you here?
>
> **남자**: 가족사진 찍으러 왔어요.
> **Man**: I came to take a family photo.

① 미용실
Hair salon

② 사진관
Photo studio

③ 박물관
Museum

④ 백화점
Department store

- The place you go to take family photos is a photo studio.

 다음은 무엇에 대해 말하고 있습니까? <보기>와 같이 알맞은 것을 고르십시오.

What is being discussed in the following? Choose the appropriate answer as shown in <Example>.

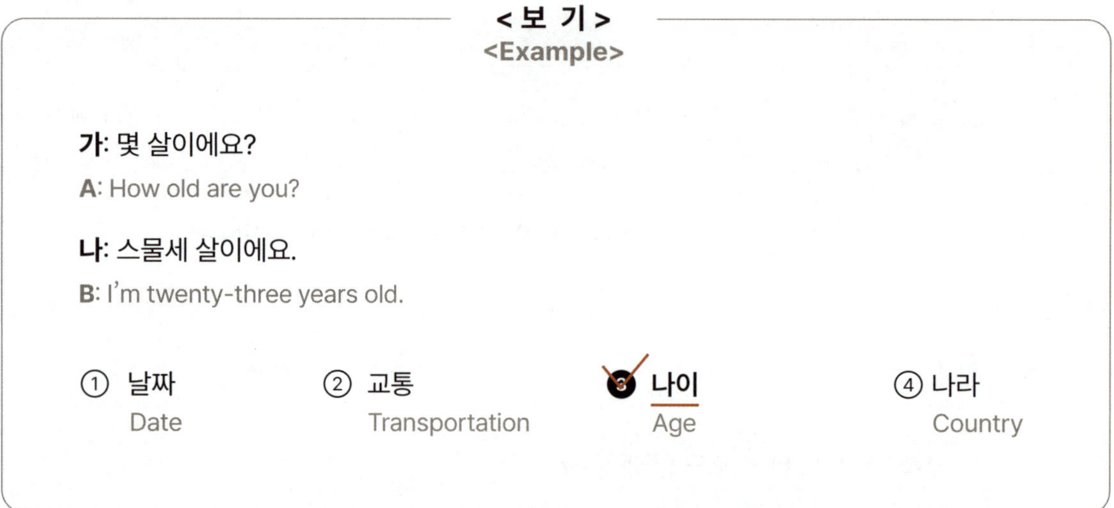

< 보 기 >
<Example>

가: 몇 살이에요?
A: How old are you?

나: 스물세 살이에요.
B: I'm twenty-three years old.

① 날짜
Date

② 교통
Transportation

③ 나이
Age

④ 나라
Country

11 3점 (3 points)

여자: 오늘 추워요?
Woman: Is it cold today?

남자: 아니요, 따뜻해요.
Man: No, it's warm.

① 날씨
Weather

② 운동
Exercise

③ 여름
Summer

④ 고향
Hometown

◆ "춥다 (= to be cold)" and "따뜻하다 (= to be warm)" are related to weather.

> **남자**: 이 노래 좋아해요?
> **Man**: Do you like this song?
>
> **여자**: 네. 이 가수도 좋아해요.
> **Woman**: Yes. I also like this singer.

① 주말   ② 공부   ③ 요리   ④ 음악
Weekend   Study   Cooking   Music

- "노래 (= song)" and "가수 (= singer)" are related to music.

13

4점 (4 points)

> **남자**: 새집은 어때요?
> **Man**: How is the new house?
>
> **여자**: 집이 커서 좋아요. 그런데 지하철역하고 좀 멀어요.
> **Woman**: The house is big, which is nice. But it's a bit far from the subway station.

① 시간   ② 계절   ③ 이사   ④ 학교
Time   Season   Moving   School

- "새집 (= new house)" refers to a home someone has moved into. The woman is talking about the house she has moved into.

14

3점 (3 points)

> **여자**: 이 모자 살까요?
> **Woman**: Should I buy this hat?
>
> **남자**: 그것보다 저 모자가 더 예뻐요.
> **Man**: That one over there is prettier than that one.

① 쇼핑   ② 직업   ③ 친구   ④ 취미
Shopping   Job   Friend   Hobby

- 이 모자 살까요? and 저 모자가 더 예뻐요 are expressions you can use while shopping.

Listen to the following and choose the most appropriate picture.

15

남자: 실례합니다. 여기는 제 자리인데요.
Man: Excuse me. This is my seat.

여자: 어머, 죄송해요.
Woman: Oh, I'm sorry.

◆ From the phrase "This is my seat," we can infer that the man is trying to sit in his assigned seat. From the phrase "I'm sorry," we can infer that the woman has mistakenly sat in the man's seat. Therefore, you should choose the picture where the man is showing his ticket and the woman is checking the ticket.

16

여자: 냉장고가 커서 음식을 많이 넣을 수 있겠어요.
Woman: The refrigerator is so big. I guess we can put a lot of food in it.

남자: 우리 부엌이 작아서 이건 너무 클 것 같아요.
Man: Our kitchen is small, so this one seems too big.

- The situation is that two people are trying to buy a refrigerator. You should choose the picture where the woman is looking at a large refrigerator and likes it because it can hold a lot of food, but the man is hesitating because the refrigerator is too big.

17~21 다음을 듣고 <보기>와 같이 대화 내용과 같은 것을 고르십시오. 각 3점 (3 points each)

Listen to the following and choose the option that matches the content of the conversation, as shown in <Example>.

< 보 기 >
<Example>

여자: 집에서 뭐 해요?
Woman: What do you usually do at home?

남자: 동생이랑 드라마를 봐요.
Man: I watch dramas with my younger sibling.

① 여자는 집에 있습니다.
The woman is at home.

② 남자는 동생이 있습니다.
The man has a younger sibling.

③ 여자는 드라마를 봅니다.
The woman watches dramas.

④ 남자는 공부하고 있습니다.
The man is studying.

17

① 남자는 물을 마십니다.   → The woman is drinking water.
The man is drinking water.

② 남자는 다리가 아픕니다.   → The woman's legs hurt.
The man's legs hurt.

✔❸ 여자는 쉬고 싶어 합니다.
The woman wants to rest.

④ 여자는 집으로 가고 있습니다.   → The woman and the man are hiking.
The woman is going home.

18

① 여자는 옷장을 사려고 합니다.   → The woman is planning to buy hangers.
The woman is planning to buy a closet.

② 남자는 안 입는 옷을 골랐습니다. ──────────→ The man and the woman are about to
The man has picked out the clothes he doesn't wear.   pick out the clothes they don't wear.

✔❸ 남자는 옷을 정리하고 싶어 합니다.
The man wants to organize the clothes.

④ 여자는 남자에게 옷걸이를 줬습니다.   → The woman doesn't have hangers.
The woman gave hangers to the man.

19

남자: 버스가 왜 안 오죠?
Man: Why isn't the bus coming?

여자: 그러게요. 영화 시간에 늦겠어요.
Woman: Right. We're going to be late for the movie.

남자: 이 영화는 꼭 처음부터 봐야 하는데... 우리 택시 탈까요?
Man: We really need to see this movie from the beginning... Should we take a taxi?

여자: 좋아요. 그럼 팝콘도 살 수 있겠네요.
Woman: Sure. Then we can also buy popcorn.

① 여자는 영화관에 있습니다. → The woman and the man are on their way to the cinema.
The woman is at the cinema.

❷ 남자는 택시를 타기로 했습니다.
The man decided to take a taxi.

③ 여자는 팝콘을 사서 늦었습니다. ──────→ The woman is not yet late for the movie and hasn't bought popcorn either.
The woman was late because she bought popcorn.

④ 남자는 영화의 처음을 못 봤습니다. → The man wants to watch the movie from the beginning.
The man missed the beginning of the movie.

20

여자: 네, 행복식당입니다.
Woman: Yes, this is Happy Restaurant.

남자: 안녕하세요. 내일 일곱 시에 네 명 예약했는데 다섯 시로 바꾸고 싶어서요.
Man: Hello, I have a reservation for four at seven o'clock tomorrow, but I'd like to change it to five o'clock.

여자: 저희가 여섯 시에 문을 열어요. 여섯 시로 바꿔 드릴까요?
Woman : We open at six o'clock. Would you like to change it to six o'clock?

남자: 그렇게 해 주세요. 감사합니다.
Man: Yes, please. Thank you.

① 여자는 예약을 취소했습니다. → The woman changed the reservation time.
The woman canceled the reservation.

② 남자는 이 식당에 간 적이 있습니다. → This information cannot be determined from the given text.
The man has been to this restaurant before.

❸ 여자는 여섯 시에 식당 문을 엽니다.
The woman opens the restaurant at six o'clock.

④ 남자는 내일 일곱 시에 식당에 갈 겁니다. → The man will go to the restaurant at six o'clock tomorrow.
The man will go to the restaurant at seven o'clock tomorrow.

21

남자: 수미 씨는 강아지랑 매일 산책해요?

Man: Do you walk your dog every day, Sumi?

여자: 그럼요. 산책을 안 하면 강아지가 심심해하니까요.

Woman: Of course. The dog gets bored if we don't go for a walk.

남자: 좋겠어요. 저도 우리 집 고양이랑 같이 산책하고 싶어요.

Man: That sounds nice. I wish I could walk with my cat, too.

여자: 고양이는 같이 산책 못 해요?

Woman: Can't cats go for walks?

① 남자는 고양이와 매일 산책합니다.   → The woman walks with her dog every day.
The man walks with the cat every day.

❷ 남자는 고양이를 키우고 있습니다.
The man has a cat.

③ 여자는 심심할 때 강아지와 산책합니다.   → The woman walks her dog every day.
The woman walks with the dog when she's bored.

④ 여자는 고양이와 산책하고 싶어 합니다.   → The man wants to walk with a cat.
The woman wants to walk with a cat.

◆ We can infer that the man has a cat because he said "우리 집 고양이 (= my cat)."

● **22~24** 다음을 듣고 여자의 중심 생각을 고르십시오. 각 3점 (3 points each)

Listen to the following and choose the woman's main idea.

22

여자: 필요 없는 선물 받은 적 있어요?

Woman: Have you ever received a gift you didn't need?

남자: 있죠. 그래도 선물은 다 좋아요.

Man: Yes, but I still like all gifts.

여자: 저는 선물 주기 전에 받고 싶은 것을 물어보는 게 좋은 것 같아요.

Woman: I think it's better to ask what the person wants before giving a gift.

남자: 그래요? 근데 선물을 미리 아는 걸 안 좋아하는 사람도 있어요.

Man: Really? But some people don't like knowing the gift in advance.

① 선물을 미리 알고 싶지 않습니다.

She does not want to know the gift in advance.

② 선물의 가격은 중요하지 않습니다.

The price of the gift is not important.

③ 필요 없는 선물을 받아도 좋습니다.

It's okay to receive unnecessary gifts.

④ 받고 싶은 선물을 물어보는 게 좋습니다.

It's better to ask what gift the person wants.

♦ **The woman said it's better to ask what someone wants before giving a gift.**

23

여자: 요즘 기타 배우죠? 재미있어요?

Woman: You're learning guitar these days, right? Is it fun?

남자: 손가락이 아파서 그만두고 싶어요.

Man: My fingers hurt so much that I want to quit.

여자: 너무 아프면 쉬세요. 참고 연습하면 더 아파요.

Woman: If it's too painful, take a break. Practicing through the pain can make it worse.

남자: 네. 빨리 잘하고 싶어서 연습을 너무 많이 한 것 같아요.

Man: Okay. I think I practiced too much because I wanted to get good quickly.

① 기타를 배우는 것은 어렵습니다.

Learning the guitar is difficult.

② 재미없는 것은 그만둬도 됩니다.

It's okay to quit if it's not fun.

③ 손가락이 아프면 쉬는 것이 좋습니다.

It's good to take a break if your fingers hurt.

④ 조금만 참으면 아픈 것이 없어집니다.

The pain will go away if you just endure a little.

● **The woman said, "If it's (your fingers are) too painful, take a break."**

24

남자: 주문하시겠습니까?

Man: Would you like to order?

여자: 혹시 ⌐한국어 메뉴도 있어요?

Woman: Do you have the menu in Korean, by any chance?

남자: 죄송합니다. 저희 식당은 프랑스에 온 느낌을 주려고 프랑스어 메뉴만 준비했습니다.

Man: I'm sorry. Our restaurant aims to make you feel like you're in France, so we only provide the menu in French.

여자: 그래도 여기는 한국이니까 한국어 메뉴도 있으면 좋겠어요.

Woman: Still, since this is Korea, it would be nice to have the Korean menu, too.

① 음식 종류가 더 많아야 합니다.
The restaurant needs to offer more types of food.

② 식당은 맛보다 분위기가 중요합니다.
For a restaurant, the atmosphere is more important than the taste.

③ 한국에서는 한국어 메뉴가 있어야 합니다.
In Korea, there should be a menu in Korean.

④ 외국 음식을 파는 식당이 인기가 많습니다.
Restaurants serving foreign food are popular.

⌐ The woman said that since it's a restaurant in Korea, it would be nice if they also had menus in Korean.

25~26 다음을 듣고 물음에 답하십시오.

Listen to the following and answer the questions.

여자: (딩동댕) 안녕하십니까? ◆이번 주 금요일은 사무실의 자리를 바꾸는 날입니다. 자리 이동은 오전 10시부터 12시까지 하겠습니다. 자리를 이동하기 전에 책상을 깨끗하게 하고 위험한 물건은 미리 정리해 주십시오. 그리고 먼지가 많이 날 수 있으니 ●이동 전에 창문을 열어 주십시오. 감사합니다. (댕동딩)

Woman: (Ding-dong-dang) Good morning. This Friday is the day for moving desks in the office. The desk relocation will take place from 10 a.m. to 12 p.m. Please clean your desks before moving and put away any dangerous items beforehand. Also, because there might be a lot of dust, please open the windows before moving. Thank you. (Dang-dong-ding)

25 **여자가** 왜 이 이야기를 하고 있는지 **고르십시오.** 3점 (3 points)

Why is the woman making this announcement?

① 자리 이동 계획을 설명하려고
To explain the desk moving plan

② 새로 온 직원의 자리를 안내하려고
To guide a new employee to their desk

③ 직원들에게 자리 청소를 부탁하려고
To ask employees to clean their desks

④ 사무실에 손님이 오는 것을 알리려고
To inform employees about a visitor coming to the office

◆ The text is explaining the office relocation plan, including the date and time for changing seats, and tasks that need to be done before moving.

26 **들은 내용과** 같은 것을 **고르십시오.** 4점 (4 points)

Choose the option that matches the content you heard.

① 오늘 사무실에 먼지가 많습니다. ⟶ It was mentioned that a lot of dust may be stirred up when changing seats.
There is a lot of dust in the office today.

② 자리 이동은 오후에 시작합니다. → The seat relocation starts at 10 a.m.
The desk relocation starts in the afternoon.

③ 다음 주에 사무실의 자리를 바꿉니다. → The office seating arrangement will be changed this Friday.
The desks in the office will be moved next week.

④ 자리를 이동하기 전에 창문을 열어야 합니다.
You must open the windows before moving the desks.

 다음을 듣고 물음에 답하십시오.

Listen to the following and answer the questions.

남자: 요즘 ◆빨래를 해 주는 서비스를 이용하고 있는데 정말 편리해요.

Man: Recently, I've been using a laundry service, and it's really convenient.

여자: 저도 그거 알아요. 그런데 좀 비싸지 않아요?

Woman: I know about that too. But isn't it a bit expensive?

남자: 집으로 와서 옷을 가져가 주니까 비싸지 않은 것 같아요. 시간을 많이 아낄 수 있고 빨래도 깨끗하게 돼요.

Man: It doesn't seem expensive to me since they come to the house and pick up the clothes. It saves a lot of time, and the laundry comes out clean.

여자: 그렇군요. 거기서 이불 빨래 해 보고 싶은데 가격 때문에 고민이에요.

Woman: I see. I've been wanting to have my bedding cleaned, but I'm hesitant because of the price.

남자: 처음 이용하면 할인받을 수 있으니까 한번 해 보세요.

Man: If it's your first time using it, you can get a discount, so try it out.

여자: 정말요? 알려 줘서 고마워요.

Woman: Really? Thanks for letting me know.

27   두 사람이 무엇에 대해 이야기를 하고 있는지 고르십시오. [3점 (3 points)]

What are the two people talking about?

① 빨래 서비스 이용
Using a laundry service

② 이불 빨래의 어려움
The difficulty of washing bedding

③ 시간을 아끼는 방법
Ways to save time

④ 깨끗하게 빨래하는 방법
How to get clothes clean

◆ The text is discussing the advantages of a service that picks up clothes from your home and washes them, as well as how to use this service.

들은 내용과 같은 것을 고르십시오. 4점 (4 points)

Choose the option that matches the content you heard.

① 남자는 ~~집에서 빨래를 합니다.~~ → The man is using a laundry service.
The man does the laundry at home.

② ~~남자~~는 이불 빨래를 하려고 합니다. → **The woman intends to wash her bedding.**
The man is planning to wash the bedding.

③ 여자는 빨래 서비스를 이용한 적이 ~~있습니다.~~ → **The woman has never used a laundry service before.**
The woman has used the laundry service before.

❹ 여자는 가격 때문에 서비스 이용을 고민했습니다.
The woman was hesitant to use the service because of the price.

29~30 **다음을 듣고 물음에 답하십시오.**

Listen to the following and answer the questions.

여자: 김민수 기사님, 기사님의 이야기로 만든 영화가 인기가 많습니다. 기분이 어떠세요?
Woman: Mr. Kim Min-su, the movie based on your story is very popular. How do you feel?

남자: 정말 좋지요.
Man: It feels great.

여자: 어떻게 이 영화가 나오게 됐습니까?
Woman: How did this movie come about?

남자: 택배를 하면서 만난 분에게 고마운 마음을 전하고 싶어서 제 이야기를 라디오 프로그램에 보냈어요. 그걸 어떤 영화감독님이 들으신 겁니다.
Man: While working as a courier, I wanted to express my gratitude to someone I met, so I sent my story to a radio program. A film director heard it.

여자: 와, 그렇군요. 어떤 이야기였습니까?
Woman: Wow, that's interesting. What was the story about?

남자: 트럭이 고장 난 날이 있었어요. 물건이 안 와서 화가 난 손님들에게 전화로 계속 사과를 했습니다. 그때 그분이 저에게 와서 자신의 트럭을 무료로 빌려주셨어요. 정말 감사했지요.
Man: One day, my truck broke down. The customers were angry because their packages didn't arrive, so I kept apologizing over the phone. Then, that person came to me and lent his truck for free. I was really grateful.

29 **남자가 라디오 프로그램에 이야기를 보낸 이유를 고르십시오.** 3점 (3 points)

Why did the man send his story to the radio program?

① 유명한 기사가 되고 싶어서
He wanted to become a famous courier.

② 고마운 마음을 전하고 싶어서
He wanted to express his gratitude.

③ 택배 기사의 어려움을 알리고 싶어서
He wanted to inform people about the difficulties of being a courier.

④ 자신의 이야기를 영화로 만들고 싶어서
He wanted his story to be made into a movie.

◆ The man sent this message because he wanted to express his gratitude to someone he met while delivering packages.

30 **들은 내용과 같은 것을 고르십시오.** 4점 (4 points)

Choose the option that matches the content you heard.

① 남자는 영화감독입니다. → The man is a delivery driver.
The man is a film director.

② 영화는 인기가 많습니다.
The movie is very popular.

③ 남자는 손님들에게 화를 냈습니다. → The customers got angry.
The man got angry at the customers.

④ 어떤 사람이 남자에게 트럭을 팔았습니다. → Someone lent the man a truck for free.
Someone sold a truck to the man.

31~33 무엇에 대한 내용입니까? <보기>와 같이 알맞은 것을 고르십시오. 각 2점 (2 points each)

What is the topic? Choose the appropriate answer as shown in <Example>.

< 보 기 >
<Example>

우리는 학교에서 만났습니다. 우리는 같이 놉니다.
We met at school. We play together.

① **친구**   ② 위치   ③ 주말   ④ 나이
Friends   Location   Weekend   Age

31

우유를 마십니다. 주스도 마십니다.
I drink milk. I also drink juice.

① **음료**   ② 공부   ③ 장소   ④ 과일
Beverages   Study   Place   Fruit

◆ "우유 (= Milk)" and "주스 (= Juice)" are both beverages.

32

저는 한국에서 왔습니다. 친구는 영국에서 왔습니다.
I am from Korea. My friend is from the U.K.

① 방학   ② 계절   ③ **나라**   ④ 여행
Vacation   Season   Country   Travel

● "한국 (= Korea)" and "영국 (= the U.K.)" are both countries.

33

요즘 낚시를 많이 합니다. 낚시가 재미있습니다.
I go fishing a lot these days. Fishing is fun.

① 식사	② 날씨	③ 요일	④ 취미
Meal	Weather	Day of the week	Hobby

▸ Something you do a lot because it's enjoyable is a hobby.

34~39 <보기>와 같이 ( )에 들어갈 말로 가장 알맞은 것을 고르십시오.

Choose the most appropriate word to fill in the blank, as in <Example>.

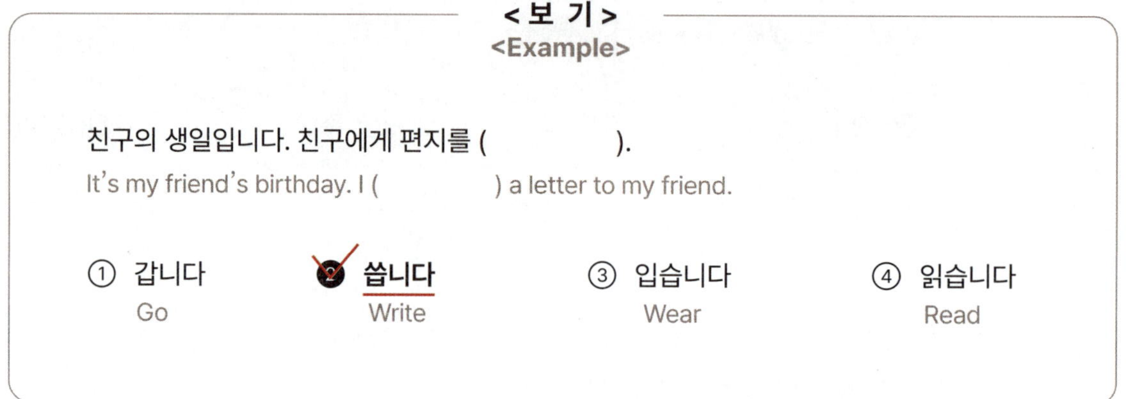

< 보 기 >
<Example>

친구의 생일입니다. 친구에게 편지를 ( ).
It's my friend's birthday. I ( ) a letter to my friend.

① 갑니다	② 씁니다	③ 입습니다	④ 읽습니다
Go	Write	Wear	Read

---

34 2점 (2 points)

동생이 춤을 춥니다. 저는 노래를 ( ).
My younger sibling dances. I ( ) a song.

① 줍니다	② 삽니다	③ 받습니다	④ 부릅니다
Give	Buy	Receive	Sing

◆ "노래 (= song)" can be used with "부르다 (= to sing)" or "하다 (= to do)."

---

35 2점 (2 points)

( )를 봅니다. 지금은 열 시입니다.
I look at the ( ). It's now ten o'clock.

① 침대	② 시계	③ 종이	④ 의자
Bed	Clock	Paper	Chair

● The thing that tells you the time is a clock.

36

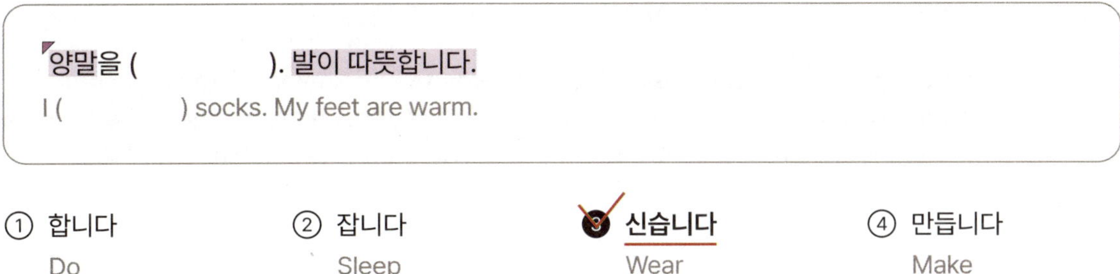

양말을 (　　　　　). 발이 따뜻합니다.
I (　　　　) socks. My feet are warm.

① 합니다　　　② 잡니다　　　③ 신습니다　　　④ 만듭니다
　　Do　　　　　　Sleep　　　　　Wear　　　　　　Make

“양말 (= socks)” can be used with “신다 (= to wear / to put on).” When you wear socks, your feet are warm.

37

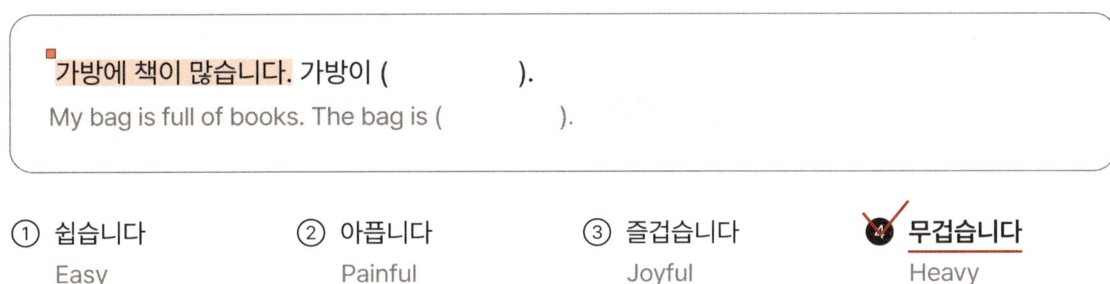

가방에 책이 많습니다. 가방이 (　　　　　).
My bag is full of books. The bag is (　　　　　).

① 쉽습니다　　　② 아픕니다　　　③ 즐겁습니다　　　④ 무겁습니다
　　Easy　　　　　　Painful　　　　　Joyful　　　　　　Heavy

 If there are many books in a bag, the bag is heavy.

38

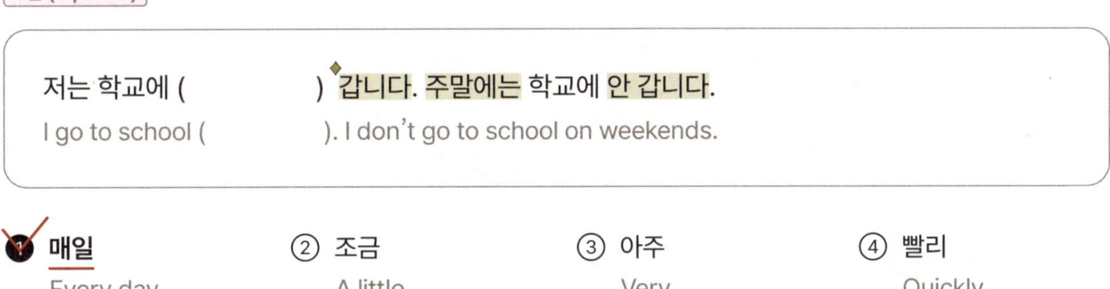

저는 학교에 (　　　　　) 갑니다. 주말에는 학교에 안 갑니다.
I go to school (　　　　　). I don't go to school on weekends.

① 매일　　　② 조금　　　③ 아주　　　④ 빨리
Every day　　A little　　Very　　　Quickly

Because the sentence says “I don't go to school on weekends,” we can infer that he/she goes to school every day except weekends.

39

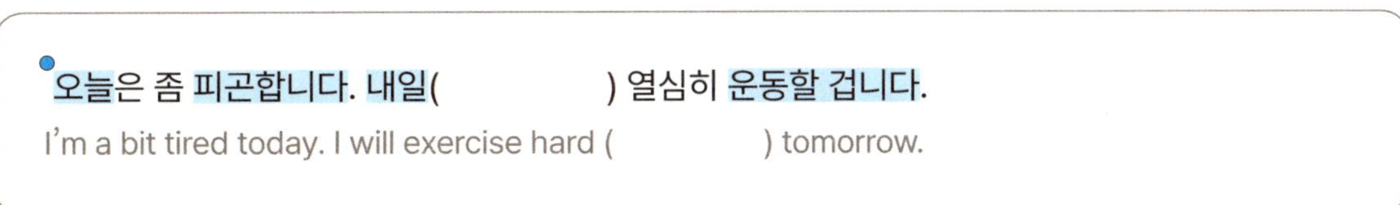

오늘은 좀 피곤합니다. 내일(　　　　　) 열심히 운동할 겁니다.
I'm a bit tired today. I will exercise hard (　　　　) tomorrow.

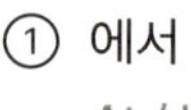 에서   ② 하고    부터   ④ 보다

At / In   And   From   Than

- "부터 (= from)" is an expression that indicates the beginning of an action or state. Since the sentence says that he/she won't exercise today because he/she is tired, we can infer that he/she will start exercising tomorrow. Therefore, we should write "내일부터 (= from tomorrow)."

40~42 다음을 읽고 <u>맞지 않는</u> 것을 고르십시오. 각 3점 (3 points each)

Read the following and choose the incorrect statement.

40

① 식당입니다.
It's a restaurant.

② 직원을 구합니다.
Looking for employees.

③ 아침부터 일합니다. → Works from 2 p.m.
The work starts in the morning.

④ 인주역과 가깝습니다.
Close to Inju Station.

① 가볍습니다.
It's light.

② **색깔이 많습니다.** → This information cannot be determined from the given text.
It has many colors.

③ 크기가 작습니다.
It's small in size.

④ 할인하고 있습니다.
It's on sale.

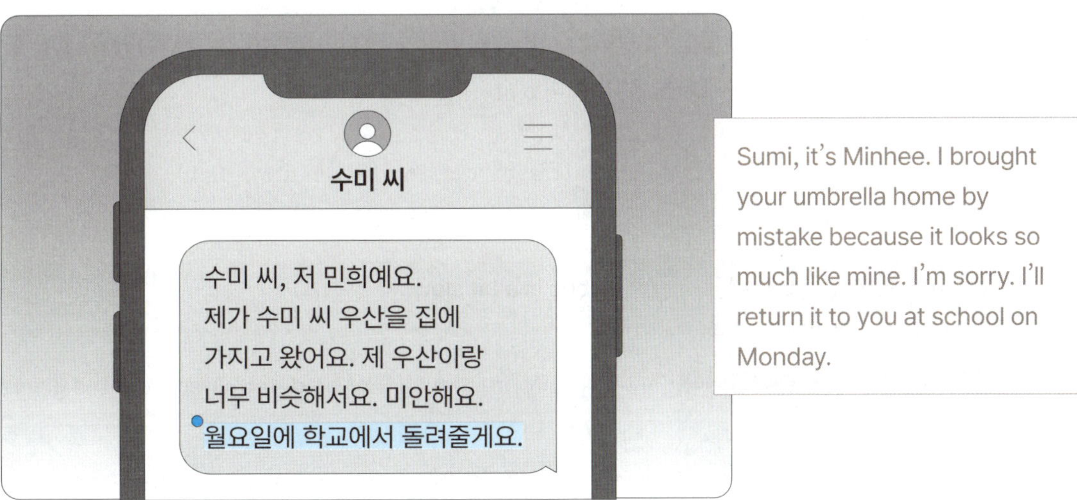

① **오늘은 월요일입니다.** → Because the text message says "I'll return it to you at school on Monday," we know that today is not Monday.
Today is Monday.

② 두 사람의 우산이 비슷합니다.
The two people have similar umbrellas.

③ 두 사람은 학교에서 만날 겁니다.
The two people will meet at school.

④ 민희 씨가 문자 메시지를 보냈습니다.
Minhee sent a text message.

Read the following and choose the one that matches the content.

43 3점 (3 points)

> 어제 안경을 잃어버렸습니다. 그래서 오늘 안경을 안 쓰고 학교에 갔습니다. 책을 읽기가 어려웠습니다.
>
> I lost my glasses yesterday. So, I went to school without wearing them today. It was hard to read books.

① 오늘 학교에 갔습니다.
I went to school today.

② 저는 안경을 샀습니다. → This information cannot be determined from the given text.
I bought glasses.

③ 저는 책을 잘 읽었습니다. → It was hard to read books.
I read the book well.

④ 저는 안경을 쓰고 있습니다. → This information cannot be determined from the given text.
I am wearing glasses.

44 2점 (2 points)

> 저는 지하철보다 버스를 많이 탑니다. 버스는 조금 느리지만 창문 밖을 볼 수 있습니다. 창문 밖의 자동차와 사람들을 구경하는 것이 재미있습니다.
>
> I take the bus more often than the subway. The bus may be a bit slower, but I can look out the window. Watching the cars and people outside the window is fun.

① 지하철은 조금 느립니다. → The bus is a bit slow.
The subway is a bit slow.

② 저는 지하철을 좋아합니다. → This information cannot be determined from the given text.
I like the subway.

③ 사람들은 자동차를 많이 탑니다. → This information cannot be determined from the given text.
Many people use cars.

④ 저는 버스에서 창문 밖을 구경합니다.
I look out the window on the bus.

45 3점 (3 points)

봄에는 꽃을 많이 볼 수 있습니다. 저는 꽃을 좋아해서 봄을 제일 좋아합니다. 그래서 봄을 기다리고 있습니다.

In spring, you can see many flowers. I like flowers, so spring is my favorite season. That's why I'm looking forward to spring.

① 지금은 봄입니다. → Because the sentence says "I'm looking forward to spring," we know that it's not spring yet.
It is spring now.

② 저는 꽃을 좋아합니다.
I like flowers.

③ 저는 겨울을 제일 좋아합니다. → He/she likes spring the most.
I like winter the most.

④ 지금 꽃을 많이 볼 수 있습니다. → You can see many flowers in spring. It's not spring now.
You can see many flowers now.

46~48 다음을 읽고 중심 내용을 고르십시오.

Read the following and choose the main idea.

46 3점 (3 points)

제 아이는 한 살입니다. 제 아내는 아이와 여행을 가고 싶어 합니다. 저는 아이가 더 크면 여행 가고 싶습니다.

My child is one year old. My wife wants to travel with the child. I want to travel when the child is older.

① 아내와 여행하고 싶습니다.
I want to travel with my wife.

② 아이가 크면 여행하고 싶습니다.
I want to travel when the child is older.

③ 아이와 여행하는 것이 쉽습니다.
Traveling with a child is easy.

④ 아내는 여행을 좋아하지 않습니다.
My wife does not like to travel.

◆ The content is about wanting to travel when the child gets older, as the child is currently one year old.

47 3점 (3 points)

> 저는 보통 도서관에서 공부하지만 오늘은 카페에 갔습니다. 카페는 좀 시끄러웠습니다. 다른 사람의 이야기가 재미있어서 공부를 못 했습니다.
>
> I usually study at the library, but today I went to a café. The café was a bit noisy. I couldn't study because other people's conversations were interesting.

① 공부를 하고 싶지 않습니다.
I don't want to study.

② 카페에서 공부하기 어려웠습니다.
It was difficult to study at the café.

③ 도서관이 카페보다 시끄럽습니다.
The library is noisier than the café.

④ 도서관에서 이야기하면 안 됩니다.
You shouldn't talk in the library.

• **The content is about how it was difficult to study at the café because it was a bit noisy, and other people's conversations were interesting.**

48 2점 (2 points)

> 저는 자기 전에 항상 휴대폰을 봅니다. 그래서 매일 피곤하고 눈도 아픕니다. 이제부터 밤에 휴대폰을 보지 않을 겁니다.
>
> I always look at my phone before going to bed. So I'm tired every day, and my eyes hurt. From now on, I will not look at my phone at night.

① 잠을 일찍 자겠습니다.
I will go to bed early.

② 새 휴대폰을 사겠습니다.
I will buy a new phone.

③ 자기 전에 운동하겠습니다.
I will exercise before bed.

④ 밤에 휴대폰을 보지 않겠습니다.
I will not look at my phone at night.

• **The content is about how he/she used to look at his/her phone at night but has now decided to stop.**

Read the following and answer the questions.

> 저는 게임 개발자입니다. 게임을 만드는 일은 재미있고, 돈도 많이 벌 수 있습니다. (㉠)
> 요즘 게임 만드는 것보다 과일을 키우는 것이 더 재미있습니다. 제 집 마당에서 사과를 키우고
> 있습니다. 사과를 더 많이 키워서 시장에서 팔고 싶습니다.
>
> I am a game developer. Making games is both fun and lucrative. (㉠) These days, I find
> growing fruit more interesting than making games. I am growing apples in my yard. I want to
> grow more apples and sell them at the market.

49 **㉠에 들어갈 말로 가장 알맞은 것을 고르십시오.**

Choose the most appropriate word to fill in the blank ㉠.

① 그리고
And

② 그래서
So

③ 그러면
Then

④ 그런데
However

◆ 그런데 is an expression used when you want to introduce an idea that is related to the previous one but slightly different. The sentence before ㉠ talks about how making games is fun, and the sentence after ㉠ talks about how growing fruit is even more fun. So 그런데 is the correct choice.

50 **윗글의 내용과 같은 것을 고르십시오.**

Choose the statement that matches the content of the above text.

① ~~저는 게임을 잘합니다.~~ → This information cannot be determined from the given text.
I am good at playing games.

② 게임 만드는 일은 ~~어렵습니다.~~ → Making games is fun.
Making games is difficult.

③ 사과 키우는 일은 재미있습니다.
Growing apples is fun.

④ 저는 사과를 ~~팔아서 돈을 많이 벌었습니다.~~ ⟶ Because the text says that he/she wants to sell at the market, we can infer that he/she hasn't sold yet.
I have made a lot of money by selling apples.

7월 1일, 인주시에서 처음으로 감자 축제를 엽니다. 축제에 오는 사람들은 모두 한 시간 동안 감자를 캡니다. 자신이 캔 감자는 모두 집으로 (　　㉠　　). 그리고 감자를 가장 많이 캔 사람과 가장 큰 감자를 캔 사람에게는 상을 드립니다. 그리고 감자로 만든 다양한 요리들도 준비됩니다.

On July 1st, Inju City will hold its first potato festival. Everyone attending the festival will dig potatoes for one hour. They (　㉠　) all the potatoes they dig home. Prizes will be awarded to the person who digs the most potatoes and the person who digs the largest potato. Additionally, a variety of dishes made from potatoes will be prepared.

51　　㉠에 들어갈 말로 가장 알맞은 것을 고르십시오.　3점 (3 points)

Choose the most appropriate word to fill in the blank ㉠.

① 가져가고 싶습니다
want to take

② 가져갈 수 있습니다
can take

③ 가져가면 안 됩니다
should not take

④ 가져가기로 했습니다
have decided to take

정답 (Correct Answer)

② -(으)ㄹ 수 있다 is an expression used when something is possible.
To express that it's possible to take the potatoes one digs at the festival home, we should write "can take (home)."

오답 (Incorrect Answer)

① -고 싶다:
An expression used when you want something.

③ -(으)면 안 되다:
An expression used to prohibit something.

④ -기로 하다:
An expression used when planning or deciding something.

52 무엇에 대한 내용인지 맞는 것을 고르십시오. 2점 (2 points)

Choose the correct description of the content.

① 감자 축제 내용 소개
Introduction to the potato festival

② 감자 캐는 직원 모집
Hiring potato harvest workers

③ 다양한 감자 요리 방법
Methods for various potato dishes

④ 감자가 건강에 좋은 이유
Reasons why potatoes are good for health

● Describing what people do at the potato festival, how prizes are awarded, and how food is prepared are all ways to introduce the potato festival.

53~54 다음을 읽고 물음에 답하십시오.

Read the following and answer the questions.

> 다음 주부터 회사에 식당이 생깁니다. 그동안 매일 점심시간에 회사 밖에서 점심을 사 먹어서 불편했습니다. 점심시간이 짧아서 점심을 빨리 먹어야 했습니다. 그리고 돈이 많이 들었습니다. 매일 먹을 음식을 고르는 것도 힘들었습니다. 그런데 이제 회사 식당이 (㉠) 메뉴를 걱정하지 않아도 됩니다.
>
> Starting next week, the company cafeteria will open. Until now, it has been inconvenient to buy lunch outside the company every lunch break. Lunch break was so short that we had to eat quickly, and it was costly. It was also difficult to choose what to eat every day. But now, (㉠) the company cafeteria, there's no need to worry about the menu.

53 ㉠에 들어갈 말로 가장 알맞은 것을 고르십시오. 2점 (2 points)

Choose the most appropriate word to fill in the blank ㉠.

① 생기니까
now that (the company cafeteria)
will be available

② 생기려면
in order that (the company cafeteria)
may be available

③ 생기기 전에
before (the company cafeteria)
is available

④ 생기지 않고
without (the company cafeteria)
being available

> **정답 (Correct Answer)**
>
> ① -(으)니까 is an expression used when stating a reason. It's appropriate to say that choosing what to eat every day was difficult, but now that there's a company cafeteria, one doesn't have to worry about the menu.
>
> **오답 (Incorrect Answer)**
>
> ② -(으)려면:
> A shortened form of -(으)려고 하면, an expression used to hypothesize a situation necessary for a desired outcome to occur. It means "in order to achieve a certain goal" or "for something to happen."
>
> ③ -기 전에:
> An expression used when the action that follows is done before the action that precedes it.
>
> ④ -지 않다:
> An expression used to negate an action or state.

54 윗글의 내용과 같은 것을 고르십시오. 3점 (3 points)

Choose the statement that matches the content of the above text.

① 회사 점심시간이 깁니다.　→ The company lunch break is short.
The company's lunch break is long.

② 다음 주에 회사 식당이 생깁니다.
A company cafeteria will open next week.

③ 점심을 밖에서 먹어서 편했습니다.　→ It was inconvenient to eat lunch outside.
It was convenient to eat lunch outside.

④ 매일 먹을 음식을 고르는 것이 좋습니다.　→ It was difficult to choose what to eat every day.
Choosing what to eat every day was enjoyable.

55~56 다음을 읽고 물음에 답하십시오.

Read the following and answer the questions.

> 경의선 숲길은 옛날에는 기찻길이었습니다. 그런데 기차가 (　㉠　) 기찻길을 공원처럼 만든 것입니다. 이 길은 차가 들어올 수 없어서 안전하고 나무가 많아서 산책하기 좋습니다. 책을 읽거나 공연을 볼 수 있는 장소도 있어 많은 사람들이 좋아합니다.
>
> The Gyeongui Line Forest Path used to be a railway. But (　㉠　) trains, the railway has been transformed into a park-like path. This path is safe because cars cannot enter, and it's great for walks due to the abundance of trees. There are also places to read books or watch performances, making it popular among many people.

55 **㉠에 들어갈 말로 가장 알맞은 것을 고르십시오.** [2점 (2 points)]
Choose the most appropriate word to fill in the blank ㉠.

① 들어오게 되어서
because (the trains) have wound up coming in

② 공원보다 많아서
because there are more (trains) than parks

③ 다니지 않게 되어서
because (the trains) are not running anymore

④ 인기가 너무 많아서
because (the trains) are too popular

♦ The appropriate choice is that it used to be a railway track, but since trains no longer run there, it was turned into a park.

56 **윗글의 내용과 같은 것을 고르십시오.** [3점 (3 points)]
Choose the statement that matches the content of the above text.

① 이 길에는 차가 다닐 수 없습니다.
Cars cannot drive on this road.

② 이 길에서 산책하는 것은 위험합니다. → It's safe because cars cannot enter.
Walking on this path is dangerous.

③ 공원이 없어지고 이 길이 생겼습니다. ⟶ Since trains no longer run, this path was made into something like a park.
The park was replaced with this path.

④ 공연을 볼 수 있는 장소는 없어졌습니다. → There is a place where you can watch performances.
There are no places to watch performances anymore.

● **57~58** **다음을 순서에 맞게 배열한 것을 고르십시오.**
Choose the correct order of the following statements.

57 [3점 (3 points)]

(가) 그 시간에는 할인을 많이 하기 때문입니다.
This is because there are many discounts at that time.

(나) 오늘도 딸기와 오이를 아주 싸게 샀습니다.
I bought strawberries and cucumbers at a low price today as well.

(다) 저는 주로 저녁 시간이 지나서 마트에 갑니다.
I usually go to the supermarket after dinner.

(라) 사람들은 보통 저녁 시간 전에 마트에 갑니다.
People normally go to the supermarket before dinner.

① (가) – (나) – (라) – (다)   ② (가) – (다) – (라) – (나)

❸ **(라) – (다) – (가) – (나)**   ④ (라) – (나) – (가) – (다)

◆

(가) → **3**
It explains the reason for (다)—why he/she goes at that time.

(나) → **4**
It gives an example of (가).

(다) → **2**
It mentions the time he/she goes to the supermarket, which is different from when other people go.

(라) → **1**
It mentions the time when people usually go to the supermarket.

> 정답 (Correct Answer)

(라) 사람들은 보통 저녁 시간 전에 마트에 갑니다. (다) 저는 주로 저녁 시간이 지나서 마트에 갑니다. (가) 그 시간에는 할인을 많이 하기 때문입니다. (나) 오늘도 딸기와 오이를 아주 싸게 샀습니다.

---

58 2점 (2 points)

(가) 가위나 칼을 버릴 때는 조심히 버려야 합니다.
When throwing away scissors or knives, you must be careful.

(나) 먼저 가위나 칼을 종이로 여러 번 싸야 합니다.
First, wrap the scissors or knives in paper several times.

(다) 쓰레기를 가져가는 분이 다칠 수 있기 때문입니다.
This is because the person collecting the trash could get hurt.

(라) 그다음에 테이프를 붙여서 일반 쓰레기로 버려야 합니다.
Then, secure it with tape and dispose of it as general waste.

❶ **(가) – (다) - (나) – (라)**   ② (가) – (라) – (다) – (나)
③ (다) – (라) – (가) – (나)   ④ (다) – (라) – (나) – (가)

●

(가) → **1**

It starts with general content about how to dispose of scissors or knives.

(나) → **3**

It explains the method for disposing of scissors or knives.

(다) → **2**

It states the reason for (가), explaining why scissors or knives should be disposed of carefully.

(라) → **4**

It tells what to do after (나).

정답 (Correct Answer)

(가) 가위나 칼을 버릴 때는 조심히 버려야 합니다. (다) 쓰레기를 가져가는 분이 다칠 수 있기 때문입니다. (나) 먼저 가위나 칼을 종이로 여러 번 싸야 합니다. (라) 그다음에 테이프를 붙여서 일반 쓰레기로 버려야 합니다.

---

❷ 59~60 다음을 읽고 물음에 답하십시오.

Read the following and answer the questions.

저는 밖에서 노는 것보다 집에 있는 것을 좋아합니다. (　　㉠　　) 그래서 집을 예쁘게 꾸미는 것에 관심이 많습니다. (　　㉡　　) 예를 들어 여름에는 바다 사진을 걸거나 파란색 쿠션을 둡니다. (　　㉢　　) 그렇게 하면 기분도 좋아지고 집에서도 새로운 느낌을 받을 수 있습니다. (　　㉣　　)

I prefer staying at home over playing outside. (　　㉠　　) That's why I have a lot of interest in decorating my home beautifully. (　　㉡　　) For example, in the summer, I hang pictures of the sea or place blue cushions. (　　㉢　　) Doing so not only improves my mood but also gives a fresh feeling at home. (　　㉣　　)

59 다음 문장이 들어갈 곳으로 가장 알맞은 것을 고르십시오. 2점 (2 points)

Choose the most appropriate place to insert the following sentence.

계절이 바뀔 때마다 장식품을 바꾸는 것을 특히 좋아합니다.

I especially like changing decorations whenever the season changes.

① ㉠   **②** ㉡   ③ ㉢   ④ ㉣

◆ It follows naturally that he/she would mention a strong interest in home decor and then add that he/she especially likes changing decorations with the seasons. Following this, he/she can provide specific examples, such as hanging beach pictures or placing blue cushions in summer.

60 윗글의 내용과 같은 것을 고르십시오. 3점 (3 points)
Choose the statement that matches the content of the above text.

① ~~지금은 여름입니다.~~ → This information cannot be determined from the text. It's given as an example.
It is currently summer.

② ~~집에 바다 사진이 있습니다.~~ → This information cannot be determined from the text. It's given as an example.
There is a picture of the sea in the house.

③ 저는 집에 있는 것을 좋아합니다.
I like staying at home.

④ ~~저는 파란색 쿠션을 사고 싶습니다.~~ → This information cannot be determined from the text.
I want to buy a blue cushion.

61~62 다음을 읽고 물음에 답하십시오. 각 2점 (2 points each)
Read the following and answer the questions.

> 처음 요가를 시작한 것은 친구 덕분이었습니다. 제가 일 때문에 스트레스를 많이 받을 때 친구가 요가를 추천했습니다. 처음에는 요가가 지루할 것 같았습니다. 그래도 친구의 요가 수업에 한번 따라가 보았습니다. 요가는 전혀 (㉠) 요가 덕분에 마음도 건강해졌습니다.
>
> I started yoga thanks to a friend. When I was under a lot of stress due to work, my friend recommended yoga. At first, I thought yoga would be boring. Still, I decided to join my friend for a yoga class. Yoga (㉠) at all. Thanks to yoga, my mind has also become healthier.

61 ㉠에 들어갈 말로 가장 알맞은 것을 고르십시오.

Choose the most appropriate word to fill in the blank ㉠.

① 재미가 없었고
was not fun

② 추천하기 좋았고
was good to recommend

③ 지루하지 않았고
was not boring

④ 스트레스가 되었고
was stressful

♦ Although the previous content mentioned that yoga seemed like it would be boring, the following content talks about the benefits of yoga, so we should write "(it) was not boring." After "전혀 (= (not) at all)," we use negative expressions such as "안 (= not)," "-지 않다 (= don't)," or "없다 (= none)."

62 윗글의 내용과 같은 것을 고르십시오.

Choose the statement that matches the content of the above text.

① 친구는 요가 선생님이 되었습니다.   → This information cannot be determined from the text.
My friend became a yoga teacher.

② 저는 요가를 처음부터 좋아했습니다.   → At first, he/she thought yoga would be boring.
I have liked yoga from the beginning.

③ 저는 요즘 스트레스를 받고 있습니다.   → When he/she started yoga, he/she was stressed, but now his/her mind has become healthier.
I am under a lot of stress these days.

④ 친구가 저보다 먼저 요가를 시작했습니다.
My friend started yoga before I did.

● He/she started doing yoga by following along with his/her friend's yoga class.

 다음을 읽고 물음에 답하십시오.

Read the following and answer the questions.

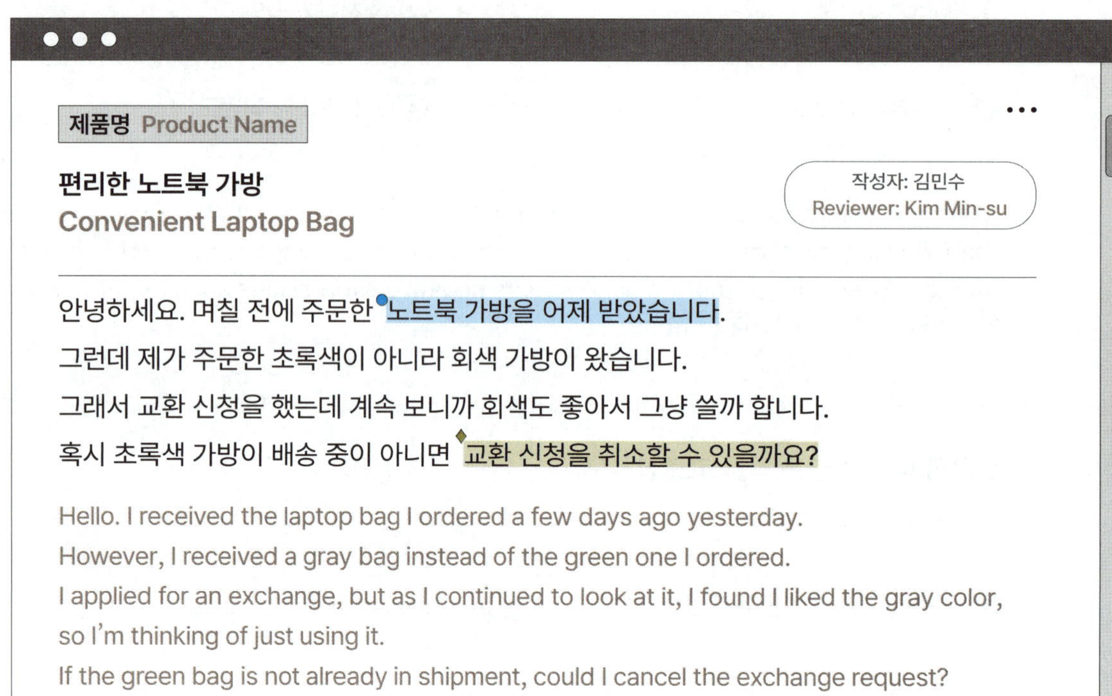

63 **왜 윗글을 썼는지 맞는 것을 고르십시오.** 2점 (2 points)

Choose the correct reason for writing the text above.

① 가방을 환불받으려고
   To get a refund for the bag

② 새 가방을 주문하려고
   To order a new bag

❸ 교환 신청을 취소하려고
   To cancel the exchange request

④ 배송 날짜를 물어보려고
   To inquire about the delivery date

◆ Min-su asked, "Could I cancel the exchange request?"

64 윗글의 내용과 같은 것을 고르십시오. 3점 (3 points)

Choose the statement that matches the content of the above text.

- ① 저는 어제 가방을 받았습니다.
  I received the bag yesterday.

② 저는 초록색 가방이 더 좋습니다.   → This information cannot be determined from the text.
  I prefer the green bag more.

③ 저는 가방 색깔을 바꾸고 싶습니다.   → Min-su wants to use the gray one without changing it.
  I want to change the color of the bag.

④ 저는 노트북과 가방을 주문했습니다.   → Min-su didn't order a laptop.
  I ordered a laptop and a bag.

65~66 다음을 읽고 물음에 답하십시오.

Read the following and answer the questions.

> 김밥에 들어가는 김은 아이와 어른 모두가 좋아하는 음식 재료입니다. 그래서 한국에는 김을 반찬으로 주는 식당이 많습니다. 보통 짠맛이 나는 김을 자주 먹지만 짠맛이 없는 구운 김을 (　㉠　). 김은 다른 음식과 함께 먹는 것도 맛있고 김만 먹어도 아주 맛있습니다. 김을 먹을 때 바삭바삭한 소리가 나는 것도 참 재미있습니다.
>
> The seaweed used in gimbap is a food ingredient liked by both children and adults. Therefore, there are many restaurants in Korea that serve seaweed as a side dish. Although seaweed with a salty taste is commonly eaten, unsalted roasted seaweed (　㉠　). Eating seaweed with other foods is delicious, and even eating just seaweed is very tasty. The crispy sound when eating seaweed is also quite enjoyable.

65 ㉠에 들어갈 말로 가장 알맞은 것을 고르십시오. 2점 (2 points)

Choose the most appropriate word to fill in the blank ㉠.

① 먹지 않습니다
  is not eaten

② 먹으면 됩니다
  you can eat

③ 먹어 봤습니다
  I have tried eating

- ④ 먹기도 합니다
  is also eaten

66 윗글의 내용과 같은 것을 고르십시오. 3점 (3 points)

Choose the statement that matches the content of the above text.

① 김은 아이들도 좋아합니다.
   Seaweed is also liked by children.

② 김은 특별한 날에 먹습니다. ⟶ We can infer that seaweed is eaten even on non-special days because many restaurants serve it as a side dish.
   Seaweed is eaten on special occasions.

③ 김은 반찬으로 먹지 않습니다. → Many restaurants serve seaweed as a side dish.
   Seaweed is not eaten as a side dish.

④ 김만 먹으면 아무 맛이 없습니다. → Even eating seaweed alone is very delicious.
   Eating only seaweed has no taste.

67~68 다음을 읽고 물음에 답하십시오. 각 3점 (3 points each)

Read the following and answer the questions.

여름이 되면 모기가 많아집니다. 모기에 물리면 아프지는 않지만 아주 가렵습니다. 가려움을 빨리 없애려면 (㉠   ) 것이 중요합니다. 그래서 화장실로 가서 모기 물린 곳에 차가운 물을 뿌리면 좋습니다. 얼음이 있으면 얼음을 사용해도 됩니다. 물론, 가려움을 없애는 약이 있으면 약을 바르는 것이 가장 좋습니다.

When summer comes, mosquitoes become more prevalent. Being bitten by a mosquito doesn't hurt, but it's very itchy. To quickly alleviate the itchiness, (㉠   ) is important. So, it's good to go to the bathroom and sprinkle cold water on the bitten area. If you have ice, you can use that too. Of course, if there's medicine to relieve the itchiness, applying that is the best option.

67 ┌──┐**㉠에 들어갈 말**로 가장 알맞은 것을 고르십시오.

Choose the most appropriate word to fill in the blank ㉠.

① 아픈 것을 참는
enduring the pain

② 모기를 빨리 잡는
quickly catching the mosquito

③ 손을 깨끗하게 씻는
washing hands thoroughly

④ 물린 곳을 차갑게 하는
cooling down the bitten area

◆ Spraying cold water on mosquito bites and using ice are both ways of cooling the bitten area.

68 윗글의 내용과 **같은 것**을 고르십시오.

Choose the statement that matches the content of the above text.

① 모기에 물리면 ~~아픕니다~~. → When bitten by a mosquito, it itches.
Mosquito bites are painful.

② 가려운 곳에 약을 바르면 좋습니다.
It's good to apply medicine to itchy areas.

③ 여름에는 ~~화장실에~~ 모기가 많습니다.
There are many mosquitoes in the bathroom during summer.

It was mentioned that mosquitoes increase in number during summer. However, we cannot determine from the given text whether there are many mosquitoes in the bathroom.

④ 가려울 때 얼음을 ~~사용하면 안 됩니다~~. → If you have ice, you can use it.
You should not use ice when it's itchy.

◉ **69~70** 다음을 읽고 물음에 답하십시오. 각 3점 (3 points each)

Read the following and answer the questions.

> 저는 아주 어렸을 때부터 나무를 좋아했습니다. 집 주변에 큰 공원이 하나 있었는데 거기에는 다양한 종류의 나무들이 있었습니다. 저는 매일 공원에 가서 나무를 구경했습니다. 제가 나무를 너무 좋아하니까 부모님께서 나무에 대한 책을 많이 사 주셨습니다. 그래서 나무들의 이름과 특징을 많이 (㉠   ) 지금 이렇게 나무 의사가 될 수 있었습니다. 제가 가장 좋아하는 나무는 소나무인데, 소나무의 향기가 마음을 편안하게 하기 때문입니다.
>
> Ever since I was very young, I've loved trees. There was a large park near my house that had various types of trees. I used to visit the park every day to admire the trees. Because I loved trees so much, my parents bought me many books about them. That's how I (㉠   ) a lot about the names and characteristics of different trees, which allowed me to become a tree doctor. My favorite tree is the pine tree because the scent of pine trees makes me feel at peace.

69 ㉠에 들어갈 말로 가장 알맞은 것을 고르십시오.

Choose the most appropriate word to fill in the blank ㉠.

① 사 주었고
bought them for me

❷ 알게 되었고
came to know

③ 보고 싶었고
wanted to see

④ 만들 수 있었고
could make

◆ Since it's mentioned after ㉠ that he/she became a tree doctor, the part before ㉠ should mention how he/she came to know a lot about the names and characteristics of trees.

70 윗글의 내용으로 알 수 있는 것을 고르십시오.

Choose what can be inferred from the content of the above text.

① 저는 ~~사람을~~ 치료하는 의사입니다.   → He/she is a tree doctor.
I am a doctor who treats people.

② ~~저는 지금도 그 공원에 자주 갑니다.~~   → This information cannot be determined from the text.
I still often visit that park.

③ ~~부모님께서는~~ 소나무를 좋아하십니다.   → It's not his/her parents, but he/she who likes pine trees.
My parents like pine trees.

❹ 저는 나무에 대한 책을 많이 읽었습니다.
I have read many books about trees.

● Given that his/her parents bought him/her books about trees and he/she has now become a tree doctor, we can infer that he/she read those books a lot.

정답과 해설

제2회 모의고사

☑ **정답 및 배점표**
Answers and Point Breakdown

☑ **해설**
Explanations

듣기

읽기

제2회 모의고사 정답 및 배점표

Level: TOPIK I / Section: Listening

Number	Answer	Points
1	2	4
2	3	4
3	4	3
4	2	3
5	3	4
6	1	3
7	2	3
8	3	3
9	1	3
10	1	4
11	2	3
12	2	3
13	4	4
14	4	3
15	1	4
16	4	4
17	4	3
18	2	3
19	2	3
20	1	3
21	1	3
22	3	3
23	1	3
24	3	3
25	3	3
26	1	4
27	4	3
28	2	4
29	3	3
30	4	4

Level: TOPIK I / Section: Reading

Number	Answer	Points
31	4	2
32	1	2
33	1	2
34	1	2
35	2	2
36	4	2
37	1	3
38	3	3
39	1	2
40	3	3
41	4	3
42	3	3
43	2	3
44	3	2
45	4	3
46	2	3
47	4	3
48	4	2
49	2	2
50	1	2

Number	Answer	Points
51	2	3
52	3	2
53	4	2
54	1	3
55	4	2
56	2	3
57	4	3
58	1	2
59	3	2
60	3	3
61	3	2
62	2	2
63	1	2
64	3	3
65	2	2
66	1	3
67	2	3
68	2	3
69	3	3
70	4	3

제2회 해설 듣기

🎧 MP3 audio

● 1~4　다음을 듣고 <보기>와 같이 물음에 맞는 대답을 고르십시오.

Listen to the following and choose the answer that matches the question, as shown in <Example>.

> **< 보 기 >**
> **<Example>**
>
> **가**: 딸기가 맛있어요?
> **A**: Are the strawberries delicious?
>
> **나**: _______________________
> **B**: _______________________
>
> ① 네, 맛있어요.　　　　　　　② 네, 딸기예요.
> 　Yes, they are delicious.　　　　Yes, they are strawberries.
>
> ③ 아니요, 딸기가 없어요.　　　④ 아니요, 딸기가 좋아요.
> 　No, there are no strawberries.　No, I like strawberries.

1　4점 (4 points)

> **남자**: 식당에서 일해요?
> **Man**: Do you work at a restaurant?
>
> **여자**: _______________________
> **Woman**: _______________________

① 네, 식당이에요.　　　　　　　② 네, 요리사예요.
　Yes, it's a restaurant.　　　　　Yes, I'm a chef.

③ 아니요, 요리가 좋아요.　　　　④ 아니요, 식당이 아니에요.
　No, I like cooking.　　　　　　No, it's not a restaurant.

◆ Since the woman is working at a restaurant, she should answer "Yes, I'm a cook. (= 네, 요리사예요.)" 요리사 is someone who cooks in a restaurant.

2

> **여자:** 내일 뭐 해요?
> **Woman:** What are you doing tomorrow?
>
> **남자:** ___________________________
> **Man:** ___________________________

① 집을 좋아해요.
 I like my home/house.

② 집이 아니에요.
 It's not home.

③ 집에서 쉬어요.
 I'll rest at home.

④ 집이 가까워요.
 Home is close.

- Because the man is asked what he will do tomorrow, the correct answer is "I'll rest at home. (= 집에서 쉬어요.)" 쉬다 means "to rest."

3

> **남자:** 배고파요?
> **Man:** Are you hungry?
>
> **여자:** ___________________________
> **Woman:** ___________________________

① 네, 배불러요.
 Yes, I'm full.

② 네, 먹었어요.
 Yes, I ate.

③ 아니요, 밥이 있어요.
 No, there is food.

④ 아니요, 배가 안 고파요.
 No, I'm not hungry.

- Since he asked if (she) is hungry, the correct answer is either "Yes, I'm hungry. (= 네, 배고파요.)" or "No, I'm not hungry. (= 아니요, 배가 안 고파요.)"

4

> **여자:** 집에 언제 가요?
> **Woman:** When are you going home?
>
> **남자:** ___________________________
> **Man:** ___________________________

① 제가 가요.
I'm going.

② 지금 가요.
I'm going now.

③ 친구랑 가요.
I'm going with a friend.

④ 학교에 가요.
I'm going to school.

- 언제 means "when." Therefore, when asked "When are you going home?", the correct answer is "I'm going now. (= 지금 가요.)"

5~6 다음을 듣고 <보기>와 같이 이어지는 말을 고르십시오.

Listen to the following and choose the next statement as shown in <Example>.

< 보 기 >
<Example>

가: 안녕하세요.
A: Hello.

나: _______________________
B: _______________________

① 반가워요.
Nice to meet you.

② 괜찮아요.
It's okay.

③ 안녕히 계세요.
Take care.

④ 안녕히 가세요.
Goodbye.

5 4점 (4 points)

남자: 늦어서 미안해요.
Man: Sorry I'm late.

여자: _______________________
Woman: _______________________

① 맞아요.
That's right.

② 그럼요.
Of course.

③ 괜찮아요.
It's okay.

④ 좋겠어요.
That would be nice.

◆ 미안해요 is an apology. The proper response is "It's okay. (= 괜찮아요.)"

6

> **여자**: 이거 좀 도와주세요.
> **Woman**: Please help me with this.
>
> **남자**: ___________________________
> **Man**: ___________________________

☑ **① 잠시만요.**
　 Just a moment.

② 환영해요.
　 Welcome.

③ 또 오세요.
　 Please come again.

④ 조심하세요.
　 Be careful.

● When someone asks for help by saying "Please help me. (= 도와주세요)," you can respond with "Just a moment. (= 잠시만요.)" to imply that you will help them shortly.

● **7~10**　**여기는 어디입니까? <보기>와 같이 알맞은 것을 고르십시오.**

Where is this place? Choose the appropriate answer as shown in <Example>.

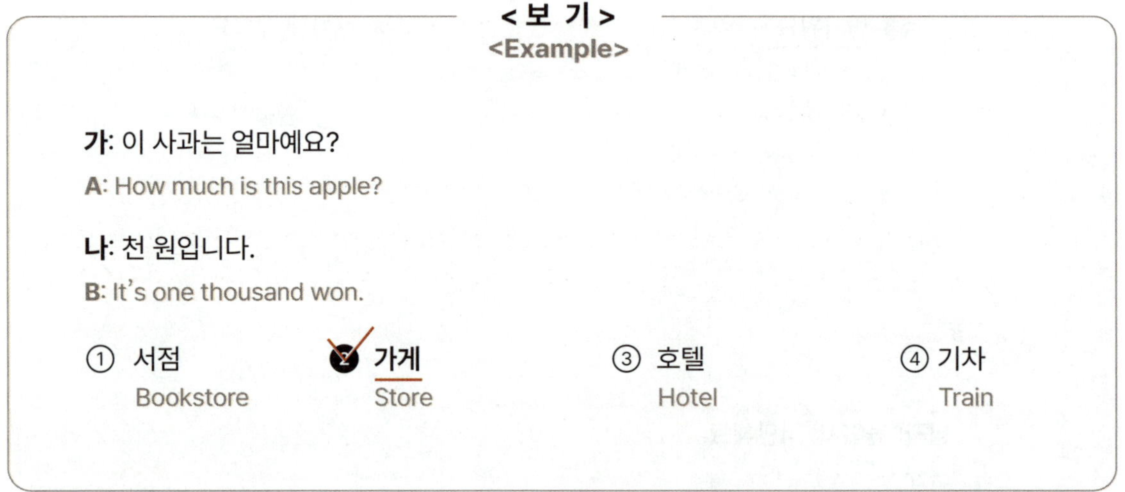

< 보 기 >
<Example>

가: 이 사과는 얼마예요?
A: How much is this apple?

나: 천 원입니다.
B: It's one thousand won.

① 서점　　　☑ ② 가게　　　③ 호텔　　　④ 기차
Bookstore　　Store　　　Hotel　　　Train

7

> **남자**: 수미 씨, 숙제 주세요.
> **Man**: Sumi, please give me your homework.
>
> **여자**: 네, 선생님. 여기 있습니다.
> **Woman**: Yes, teacher. Here it is.

① 마트	② 교실	③ 공항	④ 약국
Supermarket	Classroom	Airport	Pharmacy

◆ The place where the teacher collects or checks homework is the classroom.

8
3점 (3 points)

> **여자:** 사장님, 이 떡볶이 많이 매워요?
> Woman: Excuse me, is this tteokbokki very spicy?
>
> **남자:** 아니요, 별로 안 매워요.
> Man: No, it's not very spicy.

① 은행	② 버스	③ 식당	④ 서점
Bank	Bus	Restaurant	Bookstore

● 사장님 is a term used to refer to the owner of a company or shop. (There is no exact English equivalent for "사장님," so this book translates it as "Excuse me.") Since the woman is asking the owner how spicy the food is, the conversation is taking place in a restaurant.

9
3점 (3 points)

> **남자:** 열이 많이 나네요. 언제부터 열이 났어요?
> Man: You have a high fever. Since when did it start?
>
> **여자:** 어제 아침부터요. 목도 아파요.
> Woman: Since yesterday morning. My throat hurts too.

① 병원	② 꽃집	③ 세탁소	④ 여행사
Hospital	Flower shop	Dry cleaners	Travel agency

▶ Asking how long someone has had a fever and mentioning a sore throat indicate that the conversation is taking place in a hospital.

10
4점 (4 points)

> **여자:** 이 소파, 정말 편하네요.
> Woman: This sofa is really comfortable.
>
> **남자:** 맞아요. 이걸로 살까요?
> Man: Right. Shall we buy this one?

①  **가구점**   ② 박물관   ③ 경찰서   ④ 비행기

Furniture store   Museum   Police station   Airplane

- The place where you can buy a sofa is a furniture store.

11~14 다음은 무엇에 대해 말하고 있습니까? <보기>와 같이 알맞은 것을 고르십시오.

What is being discussed in the following? Choose the appropriate answer as shown in <Example>.

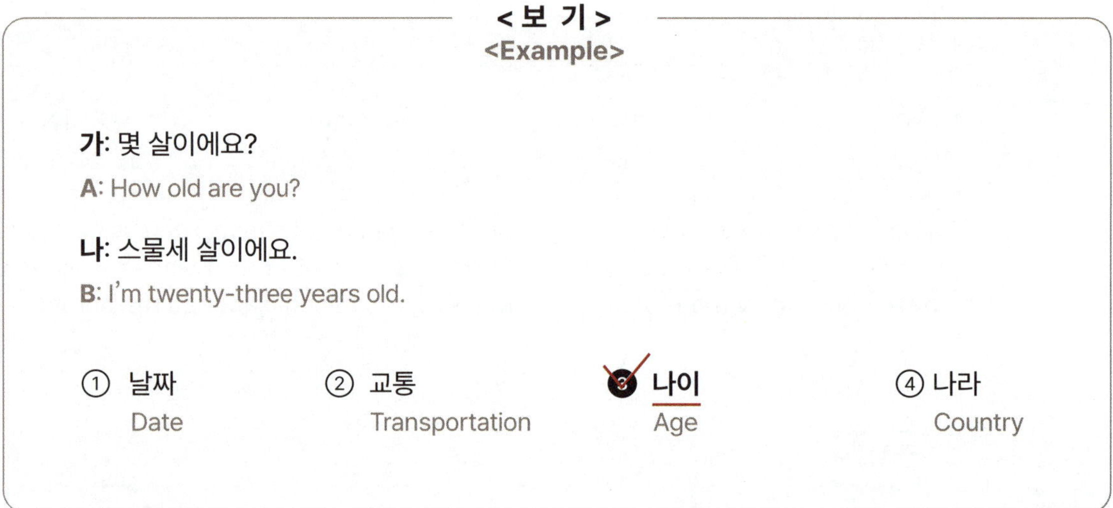

< 보 기 >
<Example>

가: 몇 살이에요?

A: How old are you?

나: 스물세 살이에요.

B: I'm twenty-three years old.

① 날짜   ② 교통   ③ **나이**   ④ 나라

Date   Transportation   Age   Country

11   3점 (3 points)

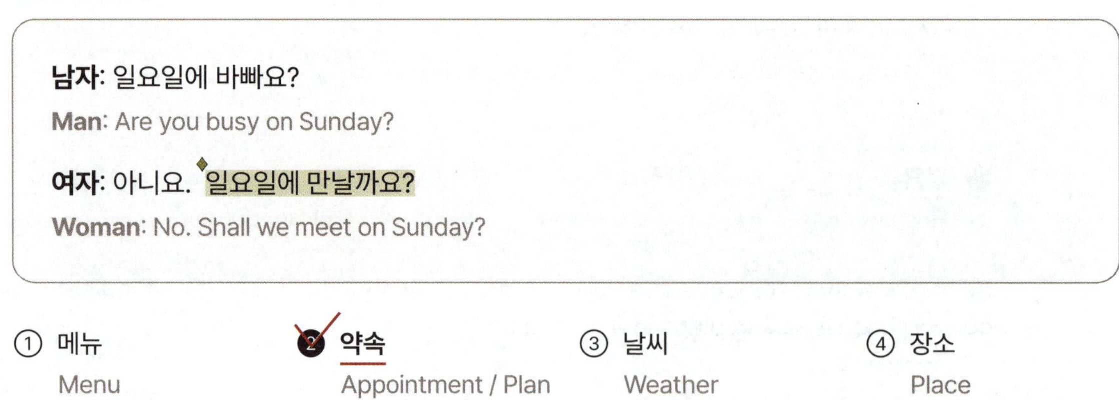

남자: 일요일에 바빠요?

Man: Are you busy on Sunday?

여자: 아니요. 일요일에 만날까요?

Woman: No. Shall we meet on Sunday?

① 메뉴   ② **약속**   ③ 날씨   ④ 장소

Menu   Appointment / Plan   Weather   Place

- When two people plan to meet on Sunday, it means they are making an appointment.

3점 (3 points)

> **여자**: 공항에 어떻게 가요?
> **Woman**: How do I get to the airport?
>
> **남자**: 저기 정류장에서 공항 버스를 타세요.
> **Man**: Take the airport bus at that stop over there.

① 취미 — Hobby
❷ 교통 — Transportation
③ 시간 — Time
④ 친구 — Friend

- Explaining how to get to the airport by taking the airport bus is related to transportation.

13

4점 (4 points)

> **남자**: 수미 씨는 사람들 만나는 거 좋아해요?
> **Man**: Sumi, do you like meeting people?
>
> **여자**: 아니요, 저는 집에 혼자 있는 거 좋아해요.
> **Woman**: No, I like being at home alone.

① 계획 — Plan
② 직업 — Job
③ 사진 — Photo
❹ 성격 — Personality

- Talking about whether one likes meeting people or prefers staying home alone is related to personality.

14

3점 (3 points)

> **여자**: 민수 씨, 생일 축하해요. 이거 받으세요.
> **Woman**: Min-su, happy birthday. Please take this.
>
> **남자**: 고마워요.
> **Man**: Thank you.

① 번호 — Number
② 계절 — Season
③ 행사 — Event
❹ 선물 — Gift

- If someone gives a gift after a birthday greeting and the recipient says thank you, the conversation is about a present.

15~16   다음을 듣고 **가장 알맞은 그림**을 고르십시오. 각 4점 (4 points each)

Listen to the following and choose the most appropriate picture.

15

> **남자:** 이 바지가 좀 길어서요. **이만큼 잘라 주실 수 있어요?**
> **Man:** These pants are a bit long. Could you cut them this much?
>
> **여자:** 그러면 너무 짧을 거예요.
> **Woman:** Then they'll be too short.

◆ By saying "Could you cut them this much? (= 이만큼 잘라 주실 수 있어요?)," the man is trying to have the pants shortened, and by saying "Then they'll be too short. (= 그러면 너무 짧을 거예요)," the woman shows that she is worried the pants might become too short. Therefore, you should choose the picture where the two people are holding clothes and talking about the length of the pants.

16

> **여자:** 여기 조용해서 좋네요. 커피도 맛있고요.
> **Woman:** It's nice and quiet here. The coffee is good, too.
>
> **남자:** 인기 많은 곳인데 오늘 비가 와서 사람이 적은 것 같아요.
> **Man:** It's a popular place, but since it's raining today there seem to be fewer people.

- By saying "The coffee is good, too. (= 커피도 맛있고요)," we can infer that the two people are in a café, and by saying "It's nice and quiet here. (= 여기 조용해서 좋네요.)" and "Since it's raining today, there seem to be fewer people. (= 오늘 비가 와서 사람이 적은 것 같아요)," we can see that it is raining, so there are fewer people in the café where they are. Therefore, you should choose the picture of the two people in a quiet café on a rainy day.

17~21 다음을 듣고 <보기>와 같이 대화 내용과 같은 것을 고르십시오. 각 3점 (3 points each)

Listen to the following and choose the option that matches the content of the conversation, as shown in <Example>.

> < 보 기 >
> <Example>
>
> **여자**: 집에서 뭐 해요?
> **Woman**: What do you usually do at home?
>
> **남자**: 동생이랑 드라마를 봐요.
> **Man**: I watch dramas with my younger sibling.
>
> ① 여자는 집에 있습니다.
>   The woman is at home.
>
> ② 남자는 동생이 있습니다.
>   The man has a younger sibling.
>
> ③ 여자는 드라마를 봅니다.
>   The woman watches dramas.
>
> ④ 남자는 공부하고 있습니다.
>   The man is studying.

17

> **여자**: 민수 씨, 집에 오는 길에 마트에 다녀올 수 있어요?
>
> **Woman**: Min-su, can you stop by the supermarket on your way home?
>
> **남자**: 그럼요. 뭐 필요해요?
>
> **Man**: Sure. What do you need?
>
> **여자**: 고추 좀 사 와 주세요.
>
> **Woman**: Please buy some chili peppers.

① ~~여자는~~ 집에 가고 있습니다.　→ **The man is going home.**
　The woman is on her way home.

② ~~여자는 마트에 다녀왔습니다.~~　→ **The man is going to the supermarket.**
　The woman has been to the supermarket.

③ ~~남자는~~ 고추를 사고 싶어 합니다.　→ **The woman needed chili peppers and asked him to buy them.**
　The man wants to buy chili peppers.

✓④ 남자는 집에 가기 전에 마트에 갈 겁니다.
　The man will go to the supermarket before going home.

◆ **The man said he could stop by the supermarket on his way home.**

> **남자**: 안녕하세요. 수건 좀 더 주실 수 있나요?
>
> **Man**: Hello. Could you give me some more towels?
>
> **여자**: 네, 알겠습니다. 더 필요한 거 있으세요?
>
> **Woman**: Yes, of course. Do you need anything else?
>
> **남자**: 음..., 휴지도요.
>
> **Man**: Um... tissues, too.
>
> **여자**: 네, 바로 가져다드릴게요. 잠시만 기다려 주세요.
>
> **Woman**: Yes, I'll bring them right away. Please wait a moment.

① ~~여자는 화장실에 있습니다.~~　→ **This information cannot be determined from the given text.**
　The woman is in the bathroom.

✓② 남자는 수건이 더 필요합니다.
　The man needs more towels.

③ ~~여자는~~ 휴지가 더 필요합니다.　→ **The man needs more tissues.**
　The woman needs more tissues.

④ ~~남자는 여자에게 휴지를 주었습니다.~~　→ **The woman will give tissues to the man.**
　The man gave tissues to the woman.

남자: 우리 언제 들어갈 수 있을까요?
Man: When can we go in?

여자: 사람들이 많아서 삼십 분은 기다려야 할 것 같은데요.
Woman: There are many people, so it looks like we'll have to wait thirty minutes.

남자: 삼십 분이요? 그냥 다른 식당에 갈래요?
Man: Thirty minutes? Shall we just go to another restaurant?

여자: 그래요. 다음에 다시 와요.
Woman: Okay. Let's come back next time.

① 남자는 삼십 분을 기다렸습니다. → She said it seems they have to wait 30 minutes.
The man waited thirty minutes.

❷ 남자는 다른 식당에 가고 싶어 합니다.
The man wants to go to another restaurant.

③ 두 사람은 바로 식당에 들어갈 수 있습니다. → To enter the restaurant, they have to wait.
They can enter the restaurant right away.

④ 두 사람은 이 식당에 다시 오지 않을 겁니다. → The woman wants to come back to the restaurant another time.
They will not come to this restaurant again.

여자: 민수 씨, 이번 주 토요일에 시간 있어요? 저랑 바다 갈래요?
Woman: Min-su, are you free this Saturday? Want to go to the beach with me?

남자: 좋아요. 근데 수영하기에는 추울 것 같지 않아요?
Man: Sure. But won't it be too cold to swim?

여자: 사실 바닷가 쓰레기 줍는 봉사 하러 가는 거예요.
Woman: Actually, we're going to do volunteer work picking up trash on the beach.

남자: 와, 저도 한번 해 보고 싶었어요. 같이 가요.
Man: Wow, I've wanted to try that. Let's go together.

① 남자는 봉사하러 갈 겁니다.
The man is going to volunteer.

② 여자는 혼자 바다에 갑니다. → She will go to the beach with the man.
The woman goes to the beach alone.

③ 두 사람은 수영을 하고 싶어 합니다. → This information cannot be determined from the given text.
Both want to swim.

④ 여자는 바다에서 쓰레기를 주웠습니다. → The woman will pick up trash at the beach.
The woman picked up trash at the beach.

■ The man said he wanted to try volunteering once and agreed to go with the woman.

남자: 주문하시겠습니까?

Man: May I take your order?

여자: ◆ 혹시 아이스크림에 땅콩이 들어가나요? 알레르기가 있어서요.

Woman: Does the ice cream contain peanuts by any chance? I have an allergy.

남자: 아니요, 땅콩은 안 들어가는데 아몬드가 들어가요.

Man: No peanuts, but it does have almonds.

여자: 아몬드는 괜찮아요. 그럼 아이스크림 하나 주세요.

Woman: Almonds are fine. Then please give me one ice cream.

◆ ① 여자는 알레르기가 있습니다.
The woman has an allergy.

② 남자는 아몬드를 좋아합니다.   → This information cannot be determined from the given text
The man likes almonds.

③ 남자는 아이스크림을 먹고 있습니다.   → The man is taking an ice cream order.
The man is eating ice cream.

④ 여자는 아이스크림을 주문하지 않았습니다.   → The woman ordered ice cream.
The woman didn't order ice cream.

● **22~24** 다음을 듣고 여자의 중심 생각을 고르십시오. 각 3점 (3 points each)

Listen to the following and choose the woman's main idea.

22

남자: 여행 잘 다녀왔어요?

Man: Did you have a good trip?

여자: ◆ 여행사 없이 혼자 다 해야 해서 힘들었어요.

Woman: It was hard because I had to do everything myself without a travel agency.

남자: 그래도 가고 싶은 곳을 마음대로 갈 수 있으니까 좋지 않았어요?

Man: But wasn't it nice that you could go wherever you wanted?

여자: 준비를 잘 못해서 많이 못 다녔어요. 다음에는 여행사 통해서 갈래요.

Woman: I wasn't well-prepared, so I couldn't visit many places. Next time, I'll go through a travel agency.

① 혼자 여행하는 것을 추천합니다.

She recommends traveling alone.

② 다음에는 친구와 여행하고 싶습니다.

She wants to travel with a friend next time.

❸ 여행사를 통해 여행하는 것이 좋습니다.

It's better to use a travel agency.

④ 가고 싶은 곳을 가려면 혼자 여행해야 합니다.

To go where you want, you must travel alone.

◆ The woman thinks traveling without a travel agency is difficult, so she wants to use an agency next time.

23

여자: 우리 회의를 앞으로 좀 짧게 하면 어때요?

Woman: How about making our meetings shorter from now on?

남자: 왜요? 회의가 너무 긴 것 같아요?

Man: Why? Do you think the meetings are too long?

여자: 조금요. 중요하지 않은 이야기를 너무 많이 하는 것 같아요.

Woman: A little. I think we talk too much about unimportant things.

남자: 그렇지만, 그러다가 좋은 아이디어가 나올 수도 있어요.

Man: But sometimes that can lead to good ideas.

❶ 회의 시간을 줄이고 싶습니다.

She wants to shorten meeting time.

② 회의실을 더 만들어야 합니다.

More meeting rooms should be created.

③ 회의 시간에 좋은 아이디어가 필요합니다.

Good ideas are needed in meetings.

④ 회의 시간에 중요하지 않은 말도 해야 합니다.

Unimportant things should also be said in meetings.

● The woman wants to keep the meeting short.

남자: 커피 다 마셨으면 컵 씻을까요?

Man: Should I wash the cup since we finished the coffee?

여자: 컵 하나밖에 없으니까 씻을 게 더 생기면 제가 할게요.

Woman: Since there's only one cup, I'll do it when there are more to wash.

남자: 바로 설거지하는 게 냄새도 안 나고 좋지요.

Man: Washing up right away is good because it won't smell later.

여자: 그렇긴 한데, 여러 개를 모아서 설거지하면 물을 아낄 수 있으니까요.

Woman: True, but washing several together saves water.

① 컵을 사용한 사람이 설거지해야 합니다.
The person who used the cup should wash it.

② 냄새가 안 나는 컵은 씻지 않아도 됩니다.
Cups that don't smell don't need to be washed.

③ **여러 개를 모아서 설거지하는 게 좋습니다.**
It's better to wash several cups together.

④ 컵을 사용한 후에는 바로 설거지해야 합니다.
Cups should be washed immediately after use.

▸ The woman thinks it is better to wash dishes all at once in order to save water.

● **25~26** 다음을 듣고 물음에 답하십시오.

Listen to the following and answer the questions.

여자: (딩동댕) 안내 말씀 드립니다. 우리 아파트에서는 이번 주 목요일에 지하 주차장 공사를 합니다. 오전 10시부터 오후 4시까지 공사가 진행될 예정이니 지하 주차장에 있는 차를 수요일까지 1층으로 옮겨 주시기 바랍니다. 주차 자리가 부족할 경우 근처의 행복주차장에 무료로 주차하실 수 있습니다. 감사합니다. (댕딩동)

Woman: (Ding-dong-dang) Announcement: Our apartment's underground parking lot will be under construction this Thursday. The construction will take place from 10 a.m. to 4 p.m. Please move your cars from the underground lot to the first floor by Wednesday. If parking spaces are insufficient, you can park for free at the nearby Haengbok Parking Lot. Thank you. (Dang-dong-ding)

25 **여자가 왜 이 이야기를 하고 있는지 고르십시오.** 3점 (3 points)

Why is the woman making this announcement?

① 공사 날짜를 변경하려고
To change the construction date

② 주차 규칙을 설명하려고
To explain parking rules

❸ 주차 이동을 부탁하려고
To request that people move their cars

④ 새로운 주차장을 소개하려고
To introduce a new parking lot

◆ Because of the construction, she is asking people to move their cars from the underground parking lot to the first floor.

26 **들은 내용과 같은 것을 고르십시오.** 4점 (4 points)

Choose the option that matches the content you heard.

❶ 공사는 이번 주에 진행됩니다.
The construction will take place this week.

② 공사는 목요일 ~~오전에~~ 끝납니다.   → It ends at 4 p.m.
The construction will finish on Thursday morning.

③ ~~1층~~ 주차장을 공사할 예정입니다.   → Construction is taking place in the underground parking lot.
The first-floor parking lot will be under construction.

④ 주차장에 ~~차가 있어도 공사할 수 있습니다.~~   → If cars remain, the construction cannot be done.
Construction can proceed even with cars in the lot.

> **남자**: 수미 씨, 뭐 하세요?
>
> **Man**: Sumi, what are you doing?
>
> **여자**: 간식 정리하고 있어요. 부족한 것도 확인하고요.
>
> **Woman**: I'm organizing snacks and checking what's missing.
>
> **남자**: 이 과자는 다들 잘 안 먹네요. 항상 남아 있는 것 같아요.
>
> **Man**: People don't eat these snacks much. They're always left over.
>
> **여자**: 사람들이 별로 안 좋아하는 것 같아요. 다음에는 이건 주문하지 않아도 되겠어요.
>
> **Woman**: It seems people don't like them. We don't need to order this next time.
>
> **남자**: 우리 앞으로는 간식이 남지 않게 사람들이 좋아하는 간식을 조사해서 주문할까요?
>
> **Man**: Should we survey what people like and order snacks accordingly from now on?
>
> **여자**: 좋은 생각이에요. 제가 조사할 때 사용할 문서를 만들어 볼게요.
>
> **Woman**: Good idea. I'll prepare a document for the survey.

27 두 사람이 무엇에 대해 이야기를 하고 있는지 고르십시오. 3점 (3 points)

What are the two people talking about?

① 인기 있는 간식
   Popular snacks

② 주문한 간식 확인
   Checking snack orders

③ 간식이 부족한 이유
   Why there aren't enough snacks

④ 간식이 남지 않게 하는 방법
   How to avoid leftover snacks

◆ The man and the woman are suggesting surveying people about the snacks they like so that snacks won't be left over in the future.

28 들은 내용과 같은 것을 고르십시오. 4점 (4 points)

Choose the option that matches the content you heard.

① 남자는 간식을 먹고 있습니다. → This information cannot be determined from the given text.
The man is eating snacks.

② **여자는 간식을 정리하고 있습니다.**
The woman is organizing snacks.

③ 남자는 간식을 더 많이 주문하고 싶어 합니다. → This information cannot be determined from the given text.
The man wants to order more snacks.

④ 여자는 사람들이 좋아하는 간식을 조사했습니다. → The woman will survey people about the snacks they like.
The woman already surveyed people's snack preferences.

29~30 다음을 듣고 물음에 답하십시오.

Listen to the following and answer the questions.

여자: 어떻게 성우를 꿈꾸게 되셨어요?
Woman: How did you come to dream of becoming a voice actor?

남자: 어릴 때부터 애니메이션을 좋아해서 캐릭터 연기를 많이 따라 했는데 친구들이 칭찬을 많이 해 줬거든요. 자연스럽게 성우의 꿈이 생겼죠.
Man: Since childhood, I've loved animation, so I often imitated character voices. My friends complimented me a lot, and naturally, I dreamed of becoming a voice actor.

여자: 성우 준비를 오래 하셨는데 포기하고 싶을 때는 없으셨어요?
Woman: You've been preparing for a long time. Didn't you ever want to give up?

남자: 실제로 다른 일을 하기도 했었는데 무슨 일을 해도 행복하지 않았어요. 그래서 성우가 되는 걸 포기할 수가 없었어요.
Man: I actually did other jobs, but nothing made me happy. So I couldn't give up becoming a voice actor.

여자: 정말 대단하세요. 앞으로의 계획은 어떻게 되세요?
Woman: That's amazing. What are your future plans?

남자: 앞으로도 더 다양한 연기를 하면서 어린 학생들에게 성우의 꿈을 키워 주고 싶어요.
Man: I want to continue performing a variety of roles and inspire young students to dream of becoming voice actors.

29 남자가 성우가 되고 싶었던 이유를 고르십시오. 3점 (3 points)

Why did the man want to become a voice actor?

① 성우가 멋있어 보여서
Because voice actors look cool

② 선생님이 성우를 추천해서
Because a teacher recommended it

❸ 친구들이 연기를 칭찬해 줘서
Because his friends praised his acting

④ 성우가 돈을 많이 벌 것 같아서
Because he thought voice actors earned a lot of money

◆ Since his friends complimented his acting a lot, he naturally developed a dream of becoming a voice actor.

30 들은 내용과 같은 것을 고르십시오. 4점 (4 points)

Choose the option that matches the content you heard.

① 남자는 짧은 시간에 성우가 되었습니다. → He has been preparing to be a voice actor for a long time.
The man became a voice actor in a short time.

② 남자는 학생들에게 연기를 가르치고 있습니다. → He wants to inspire students to dream of becoming voice actors.
The man is teaching acting to students.

③ 남자는 지금은 애니메이션을 좋아하지 않습니다. → This information cannot be determined from the given text.
The man doesn't like animation anymore.

● ❹ 남자는 성우가 되기 전에 다른 일을 한 적이 있습니다.
The man did other jobs before becoming a voice actor.

제2회 해설 읽기

31~33 무엇에 대한 내용입니까? <보기>와 같이 알맞은 것을 고르십시오. 각 2점 (2 points each)

What is the topic? Choose the appropriate answer as shown in <Example>.

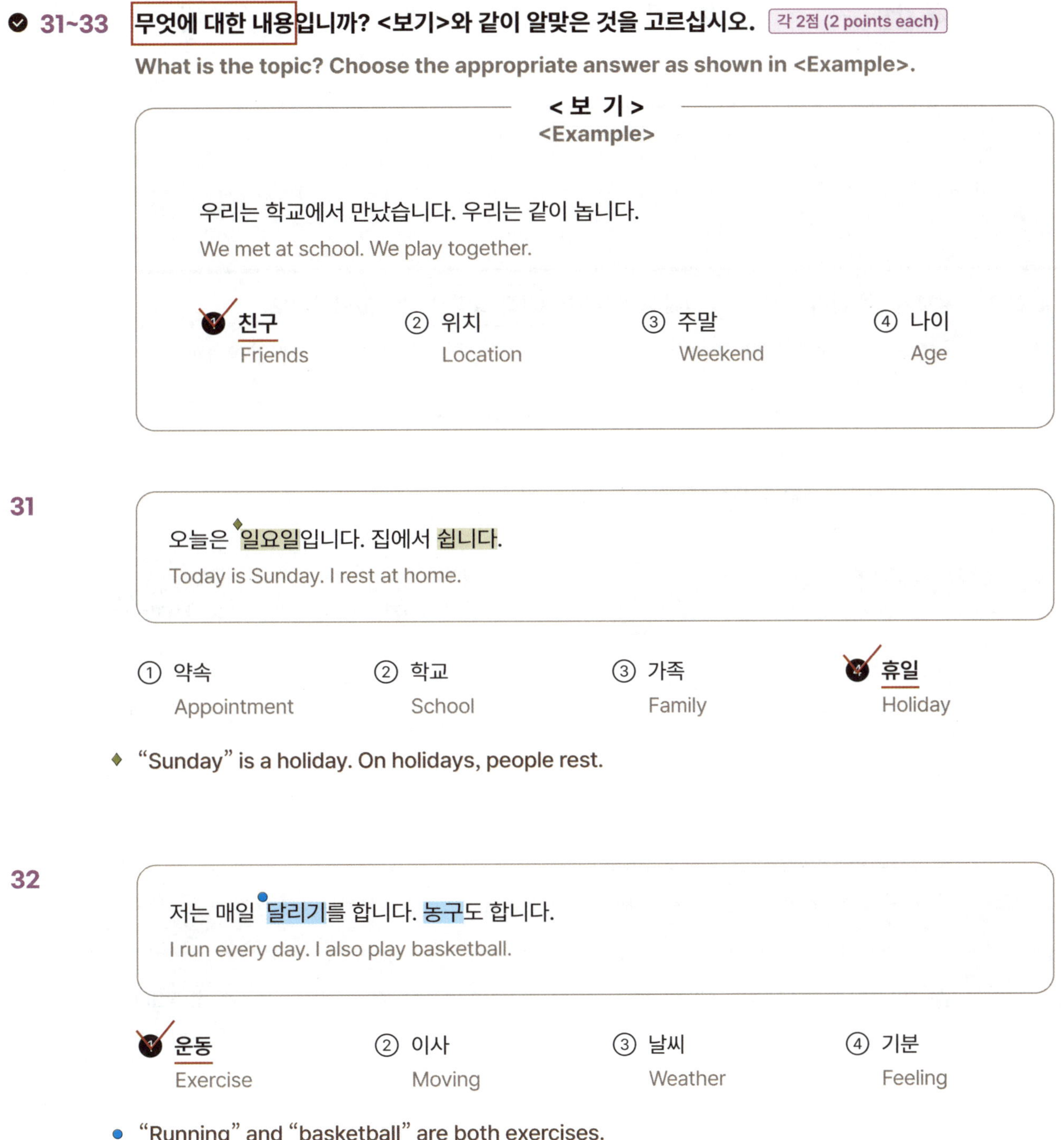

< 보 기 >
<Example>

우리는 학교에서 만났습니다. 우리는 같이 놉니다.
We met at school. We play together.

① 친구 — Friends
② 위치 — Location
③ 주말 — Weekend
④ 나이 — Age

31

오늘은 일요일입니다. 집에서 쉽니다.
Today is Sunday. I rest at home.

① 약속 — Appointment
② 학교 — School
③ 가족 — Family
④ 휴일 — Holiday

◆ "Sunday" is a holiday. On holidays, people rest.

32

저는 매일 달리기를 합니다. 농구도 합니다.
I run every day. I also play basketball.

① 운동 — Exercise
② 이사 — Moving
③ 날씨 — Weather
④ 기분 — Feeling

● "Running" and "basketball" are both exercises.

33

초콜릿을 먹습니다. 과자도 먹습니다.

I eat chocolate. I also eat snacks.

① **간식**　Treats　② 음료　Beverages　③ 쇼핑　Shopping　④ 선물　Gifts

▸ "Chocolate" and "snacks" are both treats.

34~39 <보기>와 같이 (　　　)에 들어갈 말로 가장 알맞은 것을 고르십시오.

Choose the most appropriate word to fill in the blank, as in <Example>.

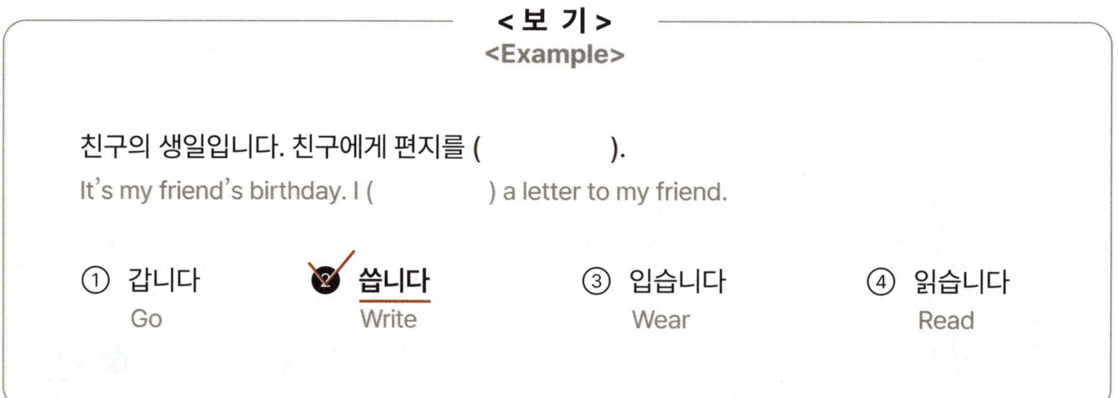

< 보 기 >
<Example>

친구의 생일입니다. 친구에게 편지를 (　　　).

It's my friend's birthday. I (　　　) a letter to my friend.

① 갑니다　Go　② **씁니다**　Write　③ 입습니다　Wear　④ 읽습니다　Read

34　2점 (2 points)

저는 머리가 짧습니다. 동생은 머리가 (　　　).

My hair is short. My younger sibling's hair is (　　　).

① **깁니다**　Long　② 쌉니다　Cheap　③ 높습니다　High　④ 싫습니다　Disliked

◆ "머리 (= Hair)" can be used with "길다 (= to be long)."

35　2점 (2 points)

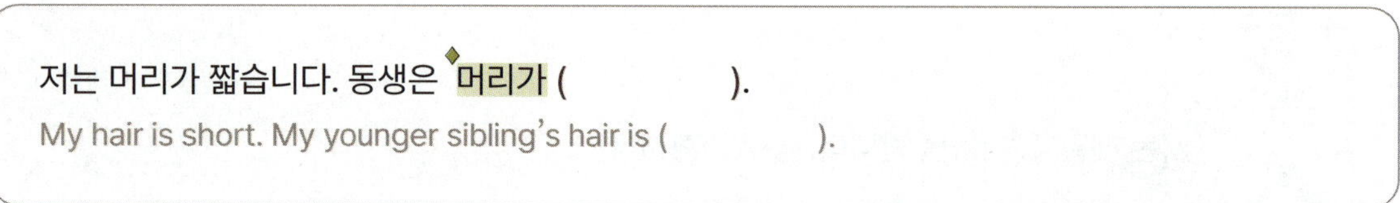(　　　)에 갑니다. 비행기를 탑니다.

I go to the (　　　). I take a flight.

① 학교
School

② 공항
Airport

③ 카페
Café

④ 시장
Market

● The place where you can take a flight is an "airport."

36 2점 (2 points)

김치가 있습니다. 김치찌개를 (   ).
There is kimchi. I (   ) kimchi stew.

① 잡니다
sleep

② 봅니다
See

③ 잊습니다
Forget

④ 만듭니다
Make

▰ You can make kimchi stew with kimchi.

37 3점 (3 points)

일이 많습니다. 매일 (   ) 집에 갑니다.
There is a lot of work. Every day I go home (   ).

① 늦게
Late

② 오래
For a long time

③ 조금
A little

④ 빨리
Quickly

▰ Since the sentence says, "There is a lot of work," we know that he/she goes home late.

38 3점 (3 points)

오늘은 친구의 졸업식입니다. 친구(   ) 꽃을 줍니다.
Today is my friend's graduation. I give flowers (   ) my friend.

① 만
Only

② 는
(Topic marking particle)

③ 에게
To

④ 께서
(Honorific subject marking particle)

◆ 에게 is an expression used to indicate the recipient of an action. Since it is a friend's graduation ceremony, it is appropriate to give flowers to the friend.

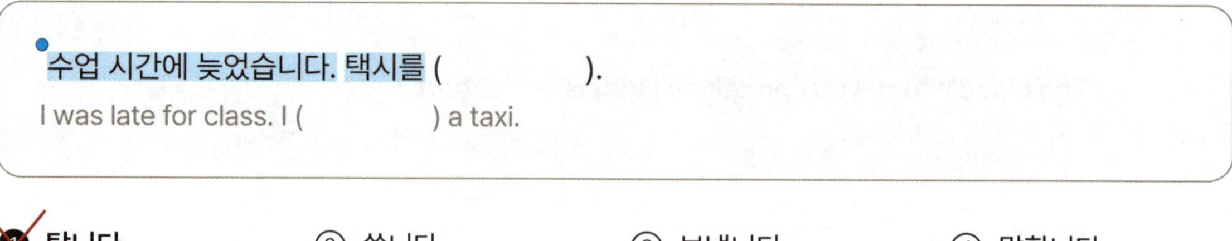

① **탑니다**
Take

② 씁니다
Use

③ 보냅니다
Send

④ 말합니다
Speak

- Since the sentence says, "I was late for class," it is appropriate to take a taxi.

40~42 다음을 읽고 맞지 않는 것을 고르십시오. 각 3점 (3 points each)

Read the following and choose the incorrect statement.

40

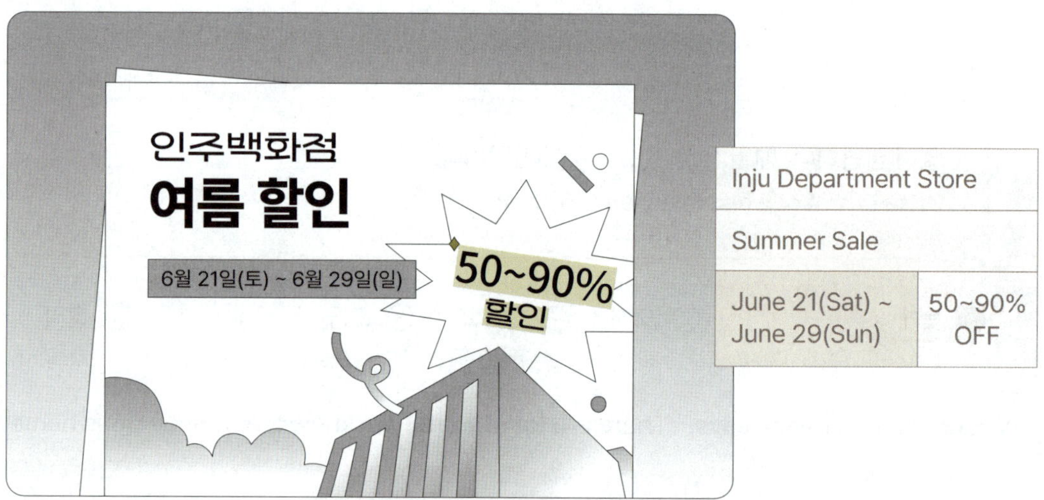

① 여름 할인입니다.
It's a summer sale.

② 백화점에서 할인합니다.
There's a sale at the department store.

◆ ③ 모든 제품을 ~~90%~~ 할인합니다. ⟶ It is a 50–90% discount.
All products are discounted 90%.

④ 6월 21일부터 할인을 시작합니다.
The sale starts on June 21.

41

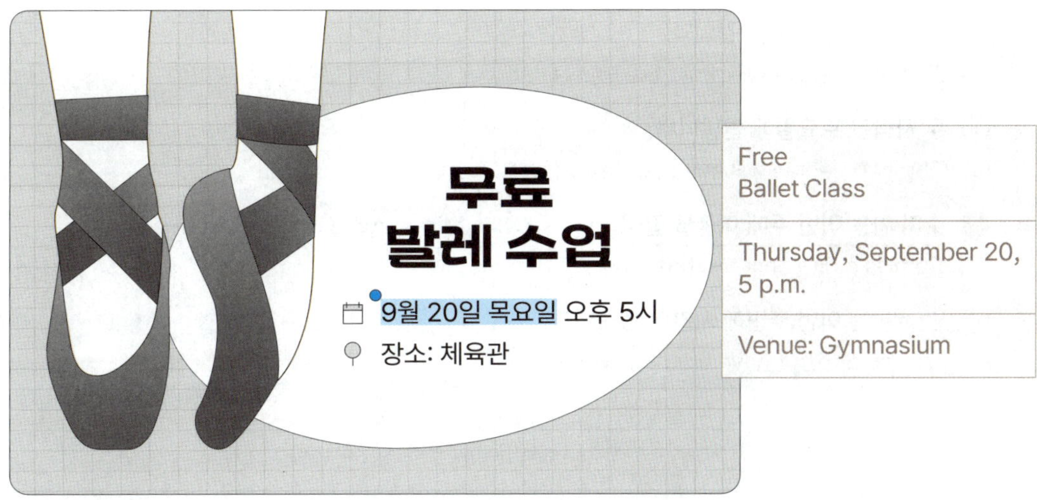

① 무료입니다.
It's free.

② 오후에 합니다.
It takes place in the afternoon.

③ 체육관에서 합니다.
It is held in the gymnasium.

④ 매주 **목요일마다** 합니다.   → It is on Thursday, September 20.
It happens every Thursday.

42

① 두 사람은 한강에 갈 겁니다.
The two people will go to the Han River.

② 두 사람은 토요일에 만납니다.
The two people will meet on Saturday.

③ **수미 씨는 이번 주에 여행을 갑니다.** → It is Min-su who is traveling this week.
Sumi is going on a trip this week.

④ 민수 씨는 이번 주말에 시간이 없습니다.
Min-su doesn't have time this weekend.

43~45 **다음을 읽고 내용이 같은 것을 고르십시오.**

Read the following and choose the one that matches the content.

43 3점 (3 points)

> 우리 집 근처의 헬스장은 가격이 비쌉니다. 그런데 지금 할인 행사를 하고 있습니다. 저는 헬스장에 등록할 겁니다.
>
> The gym near my house is expensive. But right now, there is a discount event. I will register at the gym.

① 저는 운동을 좋아합니다. → This information cannot be determined from the given text.
I like exercising.

② **헬스장은 집 근처에 있습니다.**
The gym is near my house.

③ 저는 헬스장에 다니고 있습니다. → He/she is going to sign up for a gym.
I currently go to the gym.

④ 헬스장의 할인 행사가 끝났습니다. → There is a discount promotion going on now.
The gym's discount event has ended.

44 2점 (2 points)

> 지난주에 우리 학교에서 빵 만들기 수업이 있었습니다. 저는 친구하고 같이 가서 빵을 만들었습니다. 제 빵이 친구 빵보다 맛있었습니다.
>
> Last week, there was a bread-making class at my school. I went with my friend, and we made bread. My bread was more delicious than my friend's bread.

① 제 빵은 맛없었습니다.   → His/her bread was tastier than his/her friend's.
My bread was not tasty.

② 친구는 빵을 못 먹었습니다.   → This information cannot be determined from the given text.
My friend couldn't eat bread.

❸ 저는 학교에서 빵을 만들었습니다.
I made bread at school.

④ 어제 빵 만들기 수업이 있었습니다.   → It was last week.
There was a bread-making class yesterday.

45 3점 (3 points)

저는 어렸을 때부터 축구를 좋아했습니다. 지금도 주말 아침마다 친구들과 축구를 합니다. 축구를 하면 스트레스가 풀립니다.

I have loved soccer since I was young. Even now, I play soccer with my friends every weekend morning. Playing soccer relieves my stress.

① 매일 축구를 합니다.   → He/she plays soccer every weekend.
I play soccer every day.

② 저는 축구를 잘합니다.   → This information cannot be determined from the given text.
I am good at soccer.

③ 최근에 축구를 시작했습니다.   → He/she has loved soccer since childhood.
I recently started playing soccer.

❹ 축구를 할 때 스트레스가 풀립니다.
Playing soccer relieves my stress.

● 46~48 다음을 읽고 중심 내용을 고르십시오.

Read the following and choose the main idea.

46 3점 (3 points)

이번 주 금요일에 저는 회사에 가지 않습니다. 저는 친구들과 주말 동안 바다로 놀러 갑니다. 우리는 바다에서 수영도 하고 낚시도 할 겁니다.

This Friday, I'm not going to work. I will go to the beach with my friends over the weekend. At the beach, we will swim and go fishing.

① 수영과 낚시는 재미있습니다.
Swimming and fishing are fun.

② **주말에 친구들과 여행을 갑니다.**
I will go on a trip with my friends this weekend.

③ 금요일에 회사를 그만둘 겁니다.
I will quit my job on Friday.

④ 바다 근처에서 일하고 싶습니다.
I want to work near the beach.

♦ **The text says that he/she will travel to the sea with friends over the weekend.**

47

3점 (3 points)

> 저는 중요한 것을 자주 잊어버립니다. 어제도 숙제를 잊어버렸습니다. 이제부터 매일 메모를 하기로 했습니다.
>
> I often forget important things. Yesterday, I even forgot my homework. From now on, I have decided to take notes every day.

① 숙제를 잊으면 안 됩니다.
You must not forget your homework.

② 사람은 모두 실수를 합니다.
Everyone makes mistakes.

③ 저는 메모하는 것을 좋아합니다.
I like taking notes.

④ **잊어버리는 습관을 고치고 싶습니다.**
I want to change my habit of forgetting.

● **He/she often forgets important things and wants to change that habit by taking notes.**

48

2점 (2 points)

> 저는 이사를 가려고 합니다. 오늘 집을 많이 봤지만 모두 너무 작았습니다. 내일 집을 더 볼 겁니다.
>
> I am planning to move. Today I saw many houses, but they were all too small. I will look at more houses tomorrow.

① 작은 집이 좋습니다.
I like small houses.

② 집을 많이 봐야 합니다.
I have to look at many houses.

③ 빨리 이사하고 싶습니다.
I want to move quickly.

④ **마음에 드는 집이 없습니다.**
There isn't a house I like.

▶ He/she looked at many houses but didn't find one he/she liked, so he/she will view more.

49~50 다음을 읽고 물음에 답하십시오. 각 2점 (2 points each)

Read the following and answer the questions.

> 길을 걷다가 영화 촬영하는 사람들을 보았습니다. 제가 좋아하는 배우가 있었습니다. 저는 용기를 내서 인사를 했습니다. 배우가 활짝 (㉠   ) 인사도 해 주고, 사진도 찍어 주었습니다. 사진을 본 친구들이 정말 부러워했습니다.
>
> While walking down the street, I saw people filming a movie. There was an actor I like. I gathered the courage to greet them. The actor (㉠   ) greeted me warmly and even took a photo with me. My friends who saw the photo were really envious.

49 ㉠에 들어갈 말로 가장 알맞은 것을 고르십시오.
Choose the most appropriate word to fill in the blank ㉠.

① 웃으려고
to try to smile

◆ ② **웃으면서**
while smiling

③ 웃었지만
although he smiled

④ 웃을수록
the more he smiled

정답 (Correct Answer)

② -(으)면서 is used when two or more actions/states happen at the same time. Since the actor greeted while smiling, 웃으면서

오답 (Incorrect Answer)

① -(으)려고:

An expression used to express intention or purpose.

③ -지만:

An expression used when the preceding content contrasts with the following content.

④ -(으)ㄹ수록:

An expression used when the degree of the following content changes according to the degree of the preceding content.

50

윗글의 내용과 <u>같은 것</u>을 고르십시오.

Choose the statement that matches the content above.

① 저는 길을 걷고 있었습니다.

I was walking down the street.

② 저는 영화를 ~~촬영하고 있었습니다.~~ → He/she saw people filming a movie.

I was filming a movie.

③ 저는 좋아하는 ~~친구들~~을 만났습니다. → He/she met his/her favorite actor.

I met some of my favorite friends.

④ 저는 ~~잘 모르는~~ 배우와 사진을 찍었습니다. → He/she took a photo with his/her favorite actor.

I took a picture with an actor I didn't know well.

51~52 다음을 읽고 물음에 답하십시오.

Read the following and answer the questions.

무인 아이스크림 가게에는 직원이 없습니다. 그래서 손님들은 아이스크림을 직접 계산해야 합니다. 가게에 들어가면 먼저 냉동고에서 먹고 싶은 아이스크림을 고릅니다. (㉠   ) 계산대에 가서 결제하면 됩니다. 직원이 없어도 쉽게 이용할 수 있어서 편리합니다.

There are no staff members at an unmanned ice cream store. Therefore, customers must pay for the ice cream themselves. When you enter the store, you first choose the ice cream you want from the freezer. (㉠   ) you go to the self-checkout and pay. Even without staff, it is convenient because it is easy to use.

51 ㉠에 들어갈 말로 가장 알맞은 것을 고르십시오. 3점 (3 points)

Choose the most appropriate word to fill in the blank ㉠.

① 그래서
So

② 그리고
And / Then

③ 그래도
Nevertheless

④ 그런데
However

◆ 그리고 connects the previous and the following statements. It is natural to say you first choose ice cream from the freezer and then go to the counter to pay.

52 무엇에 대한 내용인지 맞는 것을 고르십시오. 2점 (2 points)

Choose the correct description of the content.

① 무인 가게의 위치
The location of an unmanned store

② 무인 가게의 단점
Disadvantages of an unmanned store

③ 무인 가게를 이용하는 방법
How to use an unmanned store

④ 무인 가게에서 하면 안 되는 행동
Things not allowed in an unmanned store

● Choosing ice cream in a store without staff and paying at the self-checkout shows how to use an unmanned ice cream shop.

53~54 다음을 읽고 물음에 답하십시오.

Read the following and answer the questions.

집 근처에 제가 좋아하는 카페가 있습니다. 그 카페는 음료 가격이 싸고 직원이 친절해서 손님이 많았습니다. 그 직원은 늘 밝게 인사해 주고 손님들이 자주 주문하는 것을 (㉠) 편했습니다. 그런데 최근에 직원이 갑자기 바뀌었습니다. 그 직원을 볼 수 없어서 아쉽지만 여전히 그 카페에 자주 가고 있습니다.

There is a café near my house that I like. The drinks there were inexpensive, and the staff were kind, so the café had many customers. The staff member always greeted me brightly and (㉠) what customers often ordered, which was convenient. But recently, the staff suddenly changed. Although I can no longer see that staff member, I still go to the café often.

53 ㉠에 들어갈 말로 가장 알맞은 것을 고르십시오. 2점 (2 points)

Choose the most appropriate word to fill in the blank ㉠.

① 기억하다가
　in the middle of remembering

② 기억하려고
　in order to remember

③ 기억하면서
　while remembering

◆ ④ **기억해 주어서**
　remembered (for customers)

정답 (Correct Answer)

④ -아/어/여 주다 indicates doing something that helps someone. It's natural to say it was convenient because the employee remembered what customers often ordered.

오답 (Incorrect Answer)

① -다가:
　An expression used when an action/state is interrupted and switches to another.

② -(으)려고:
　An expression used to express intention or purpose.

③ -(으)면서:
　An expression used when two or more actions/states occur simultaneously.

---

54 윗글의 내용과 같은 것을 고르십시오. 3점 (3 points)

Choose the statement that matches the content of the above text.

● ① **그 카페의 음료는 쌉니다.**
　The drinks at that café are inexpensive.

② 그 카페는 집에서 멉니다.　→ The café is near his/her house.
　The café is far from home.

③ 최근에 그 카페가 없어졌습니다.　→ The café is still there, but the staff has changed.
　The café recently closed down.

④ 저는 그 카페에 자주 가지 않습니다.　→ He/she still goes there often.
　I don't go to that café often.

> 여름마다 인주시 공원에 야외 수영장이 열립니다. 이 수영장은 누구나 저렴한 가격으로 이용할 수 있습니다. 수영장 옆에는 어린이를 위한 물놀이터도 있어 (㉠   ) 좋습니다. 올해는 7월 1일부터 8월 31일까지 운영되며, 매일 오전 9시부터 오후 7시까지 이용할 수 있습니다.
>
> Every summer, an outdoor swimming pool opens in Inju City Park. Anyone can use this swimming pool at an affordable price. Next to the pool, there is also a water playground for children, making it a good place (㉠   ). This year, it will be open from July 1st to August 31st, from 9 a.m. to 7 p.m. every day.

55 **㉠에 들어갈 말**로 가장 알맞은 것을 고르십시오. 2점 (2 points)

Choose the most appropriate word to fill in the blank ㉠.

① 조용히 쉬기
  to rest quietly

② 어른들과 놀기
  to play with adults

③ 사람들과 친해지기
  to get close to people

④ 아이들과 함께 오기
  to come with children

♦ Since there is also a water-play area for children, it's a good place to visit with kids.

56 윗글의 내용과 **같은 것**을 고르십시오. 3점 (3 points)

Choose the statement that matches the content of the above text.

① 수영장 이용은 ~~무료입니다~~. → You can use it for a low price.
  The swimming pool is free to use.

② 8월까지 이용할 수 있습니다.
  It can be used until August.

③ ~~주말에만~~ 이용할 수 있습니다. → You can use it every day.
  It can only be used on weekends.

④ 어린이를 위한 공간은 ~~없습니다~~. → There is a water-play area for children.
  There is no area for children.

57   3점 (3 points)

> (가) 인사를 할까 말까 고민했습니다.
>
> I wondered whether to say hello or not.
>
> (나) 다음에는 제가 먼저 이웃에게 인사해야겠습니다.
>
> Next time, I should greet my neighbor first.
>
> (다) 그때 그 사람이 웃으면서 저에게 먼저 인사했습니다.
>
> At that moment, that person smiled and greeted me first.
>
> (라) 아파트 엘리베이터를 탔는데 어떤 사람이 타고 있었습니다.
>
> I got on the apartment elevator, and someone was inside.

① (가) – (다) – (나) – (라)　　　　② (가) – (라) – (나) – (다)

③ (라) – (다) – (나) – (가)　　　　❹ **(라) – (가) – (다) – (나)**

◆

(가) → 2
In (가), it says he/she was wondering whether to greet the person in the elevator.

(나) → 4
Since the other person greeted him/her first, it concludes with saying that next time he/she will greet first.

(다) → 3
While he/she was hesitating, the other person greeted him/her first, which is a natural flow.

(라) → 1
The story begins by talking about something that happened in the apartment elevator.

정답 (Correct Answer)

(라) 아파트 엘리베이터를 탔는데 어떤 사람이 타고 있었습니다. (가) 인사를 할까 말까 고민했습니다. (다) 그때 그 사람이 웃으면서 저에게 먼저 인사했습니다. (나) 다음에는 제가 먼저 이웃에게 인사해야겠습니다.

(가) 나무가 쓰러져서 길이 없어지기도 합니다.
Sometimes trees fall, and the road disappears.

(나) 비가 오랫동안 많이 내리면 땅이 약해집니다.
When it rains heavily for a long time, the ground weakens.

(다) 비가 많이 온 후에 산에 갈 때는 조심해야 합니다.
After heavy rain, you must be careful when going to the mountains.

(라) 그러면 산에 있는 큰 나무들이 쓰러질 수 있습니다.
Then large trees in the mountains may fall.

① (나) – (라) – (가) – (다)   ② (나) – (다) – (라) – (가)

③ (다) – (라) – (가) – (나)   ④ (다) – (가) – (라) – (나)

(가) → 3
As a result of (라), trails can disappear.

(나) → 1
It begins by explaining what happens when it rains for a long time.

(다) → 4
Therefore, you should be careful when going to the mountains after heavy rain.

(라) → 2
As a result of (나), trees in the mountains can fall.

정답 (Correct Answer)

(나) 비가 오랫동안 많이 내리면 땅이 약해집니다. (라) 그래서 산에 있는 큰 나무들이 쓰러질 수 있습니다. (가) 나무가 쓰러져서 길이 없어지기도 합니다. (다) 비가 많이 온 후에 산에 갈 때는 조심해야 합니다.

> 얼마 전 회사의 창고를 정리했습니다. (㉠) 창고에 안 쓰는 물건이 많았고 필요한 물건을 찾기도 어려웠기 때문입니다. (㉡) 저와 제 동료들은 먼저 창고에서 안 쓰는 물건을 버렸습니다. (㉢) 창고가 깨끗해지고 물건을 쉽게 찾을 수 있어서 모두가 좋아했습니다. (㉣)
>
> Not long ago, we organized the company's storage room. (㉠) This is because there were many unused items in the storage, and it was hard to find what we needed. (㉡) My colleagues and I first threw away the unused items. (㉢) The storage became clean, and we could find things easily, so everyone was pleased. (㉣)

59 **다음 문장이 들어갈 곳으로 가장 알맞은 것을 고르십시오.** 2점 (2 points)
Choose the most appropriate place to insert the following sentence.

> 그리고 사용할 물건들은 튼튼한 상자에 정리했습니다.
> And we organized the items we would use in sturdy boxes.

① ㉠   ② ㉡   ❸ ㉢   ④ ㉣

◆ They threw away unused items and organized what they would use, making them easier to find.

60 **윗글의 내용과 같은 것을 고르십시오.** 3점 (3 points)
Choose the statement that matches the content of the above text.

① 저는 상자를 ~~버렸습니다~~. → The useful items were organized in boxes.
  I threw away the boxes.

② 저는 ~~혼자~~ 창고를 정리했습니다. → He/she tidied up with colleagues.
  I organized the storage alone.

● ❸ 창고에는 안 쓰는 물건이 많았습니다.
  There were many unused items in the storage.

④ 창고 정리는 ~~아직 끝나지 않았습니다~~. → The storage room was recently cleaned.
  Organizing the storage room is not finished yet.

● 61~62 다음을 읽고 물음에 답하십시오. 각 2점 (2 points each)

Read the following and answer the questions.

그저께 친구를 만나려고 집을 나섰습니다. 저는 휴대폰을 보면서 걷다가 돌에 걸려서 넘어졌습니다. 반바지를 입어서 무릎을 크게 다치고 무릎에서 피도 많이 났습니다. 너무 아파서 눈물이 (㉠   ). 지나가던 아주머니께서 휴지를 주셔서 피를 닦았습니다. 약국에서 약과 반창고도 사 주셔서 정말 고마웠습니다.

The day before yesterday, I left home to meet a friend. While walking and looking at my phone, I tripped on a stone and fell. Since I was wearing shorts, I injured my knee badly, and it bled a lot. It hurt so much that tears (㉠   ). A lady who was passing by gave me tissues to wipe away the blood, and she also bought me medicine and bandages from the pharmacy, for which I was truly grateful.

61 ㉠에 들어갈 말로 가장 알맞은 것을 고르십시오.

Choose the most appropriate word to fill in the blank ㉠.

① 나야 했습니다
had to come to my eyes

② 나지 않았습니다
did not come to my eyes

❸ 날 것 같았습니다
were about to come to my eyes

④ 날 수 없었습니다
could not come to my eyes

정답 (Correct Answer)

③ -(으)ㄹ 것 같다 is used when you think something is likely to happen. Since it was very painful and tears were likely to come to my eyes, 날 것 같았습니다 is natural.

오답 (Incorrect Answer)

① -아/어/여야 하다:
An expression that expresses obligation/necessity.

② -지 않다:
An expression used to negate an action or state.

④ -(으)ㄹ 수 없다:
An expression that indicates inability or impossibility.

윗글의 내용과 같은 것을 고르십시오.
Choose the statement that matches the content of the above text.

① 저는 팔을 다쳤습니다. → His/her knee was injured.
I injured my arm.

② 아주머니께서 저를 도와주셨습니다.
A lady helped me.

③ 넘어져서 휴대폰을 잃어버렸습니다. → He/she tripped while looking at the phone and injured his/her knee.
I lost my phone when I fell.

④ 저는 약국에 가서 반창고를 샀습니다. → The lady bought the medicine and bandages (for him/her).
I went to the pharmacy and bought bandages.

63~64   다음을 읽고 물음에 답하십시오.
Read the following and answer the questions.

> **공지 사항 Notice**
>
> 제10회 '인주시 눈사람 만들기 대회'가 열립니다. 눈사람 만들기 대회는 두 명 이상 네 명 이하의 팀으로만 참가할 수 있습니다. 가장 큰 눈사람을 만드는 팀과 가장 특별한 눈사람을 만드는 팀에게는 각각 100만 원을 드립니다. 시민 여러분의 많은 관심 부탁드립니다.
>
> The 10th "Inju City Snowman Making Contest" will be held. The contest can only be entered as a team of at least two and no more than four people. A prize of 1 million won will be awarded to the team that makes the largest snowman and to the team that makes the most unique snowman. We look forward to the active participation of all citizens.

일시 Date	2026년 2월 2일 9:00~12:00 February 2, 2026, 9:00 a.m. – 12:00 p.m.
장소 Location	인주시 눈사람 공원 Inju City Snowman Park
참가비 Entry fee	20,000원 20,000 won

* 참가하는 모든 분들에게는 눈사람 모양의 빵과 인형을 드립니다.
* All participants will receive snowman-shaped bread and a doll.

63 왜 윗글을 썼는지 맞는 것을 고르십시오. 2점 (2 points)

Choose the correct reason for writing the text above.

① 대회에 많이 오게 하려고
To encourage many people to attend the contest

② 대회의 역사를 설명하려고
To explain the history of the contest

③ 대회에 필요한 돈을 모으려고
To raise the money needed for the contest

④ 대회에 참가하는 팀을 소개하려고
To introduce the teams participating in the contest

◆ The notice aims to draw the attention of citizens and attract many participants to the event.

64 윗글의 내용과 같은 것을 고르십시오. 3점 (3 points)

Choose the statement that matches the content of the above text.

① 대회 참가비는 무료입니다. → The participation fee is 20,000 won.
There is no entry fee for the contest.

② 대회는 한 시간 동안 열립니다. → It is held for three hours, from 9 a.m. to 12 p.m.
The contest is held for one hour.

③ 대회는 팀으로만 참가할 수 있습니다.
The contest can only be entered as a team.

④ 눈사람 모양의 빵을 만드는 대회입니다. → It is a contest to make snowmen.
It is a contest for making snowman-shaped bread.

⬤ **65~66** 다음을 읽고 물음에 답하십시오.

Read the following and answer the questions.

> 당근은 색이 예쁘고 맛도 좋아서 많은 사람들이 좋아하는 채소입니다. 비타민이 많아서 눈 건강에 좋습니다. 피부에도 도움이 됩니다. 그런데 당근을 너무 오래 (㉠) 영양소가 줄어들 수 있습니다. 그래서 당근은 보통 살짝 익히거나 생으로 먹습니다. 또 당근 주스로 마시는 사람도 많습니다.
>
> Carrots are vegetables loved by many people because they are colorful and tasty. They are rich in vitamins, which are good for eye health, and they are also good for the skin. However, if carrots are (㉠) for too long, their nutrients may decrease. That's why carrots are usually lightly cooked or eaten raw. Many people also drink carrot juice.

65 <u>㉠에 들어갈 말</u>로 가장 알맞은 것을 고르십시오. 2점 (2 points)

Choose the most appropriate word to fill in the blank ㉠.

① 먹으면
(if) eaten

② 익히면 ✓
(if) cooked

③ 씻으면
(if) washed

④ 보관하면
(if) stored

◆ Since the next sentence says carrots are usually lightly cooked or eaten raw, the reason in ㉠ should be that nutrients can decrease if you cook them too long. Therefore, 익히면 is appropriate.

66 윗글의 내용과 <u>같은 것</u>을 고르십시오. 3점 (3 points)

Choose the statement that matches the content of the above text.

① 당근은 눈 건강에 좋습니다. ✓
Carrots are good for eye health.

② ~~당근은 오래 익혀야 맛있습니다.~~ ⟶ This information cannot be determined from the given text.
Carrots must be cooked for a long time to be tasty.

③ 당근은 생으로 ~~먹기 어렵습니다.~~ → Carrots are also eaten raw.
It is difficult to eat carrots raw.

④ 당근을 주스로 마시는 사람은 ~~적습니다.~~ → Many people drink carrot juice.
Few people drink carrot juice.

● **67~68** 다음을 읽고 물음에 답하십시오. 각 3점 (3 points each)

Read the following and answer the questions.

사무실이나 학교에서 높이 조절 책상을 쓰는 사람들이 많아지고 있습니다. 높이 조절 책상은 서서 일하거나 공부할 수 있도록 만든 책상입니다. 이 책상을 사용하면 (㉠) 시간이 줄어들어 건강에 도움이 됩니다. 특히 허리와 목에 좋고, 졸릴 때 사용하기도 좋습니다. 건강을 생각하는 사람들이 많아질수록 높이 조절 책상을 사용하는 곳이 점점 늘고 있습니다.

More and more people are using height-adjustable desks in offices and schools. A height-adjustable desk is designed so that you can work or study while standing. Using this desk reduces the time spent (㉠), which helps your health. It is especially good for the back and neck, and it is also useful when you feel sleepy. As more people care about their health, the number of places using height-adjustable desks continues to increase.

67 ㉠**에 들어갈 말로 가장 알맞은 것을 고르십시오.**
Choose the most appropriate word to fill in the blank ㉠.

① 서서 운동하는
exercising while standing

❷ 오래 앉아 있는
sitting for a long time

③ 열심히 공부하는
studying hard

④ 건강을 생각하는
caring about health

◆ A height-adjustable desk lets you work or study standing, so using it reduces the time spent sitting for long periods.

68 **윗글의 내용과 같은 것을 고르십시오.**
Choose the statement that matches the content of the above text.

① 높이 조절 책상을 사용하면 더 졸립니다. ⟶ A height-adjustable desk is good to use when you're sleepy.
Using a height-adjustable desk makes you sleepier.

❷ 높이 조절 책상은 허리와 목 건강에 도움이 됩니다.
Height-adjustable desks are good for back and neck health.

③ 높이 조절 책상을 쓰는 사람들이 줄어들고 있습니다. ⟶ More people are using height-adjustable desks.
Fewer people are using height-adjustable desks.

④ 높이 조절 책상은 누워서 쓸 수 있도록 만든 책상입니다. ⟶ Height-adjustable desks are designed to be used while standing.
A height-adjustable desk is designed to be used while lying down.

69~70 **다음을 읽고 물음에 답하십시오.** 각 3점 (3 points each)
Read the following and answer the questions.

어제 친구랑 약속이 있었는데 아침에 핸드폰이 갑자기 고장 났습니다. 화면이 꺼져서 아무것도 볼 수 없었고 전화를 할 수도 없었습니다. 처음에는 배터리가 없는 줄 알고 충전기를 꽂았지만 (㉠). 그래서 집에서 가까운 가게에 가서 핸드폰을 보여 주었습니다. 직원은 핸드폰을 고쳐야 한다고 했습니다. 핸드폰을 고치고 가느라 약속 시간에 늦었습니다. 다행히 친구는 제 말을 듣고 이해해 주었습니다. 친구에게 정말 고마웠습니다.

Yesterday, I had plans to meet a friend, but in the morning my phone suddenly broke down. The screen went black, so I couldn't see anything or make calls. At first, I thought the battery was dead and plugged in the charger, but (㉠). So I went to a nearby shop and showed them the phone. The staff said it needed to be repaired. Because I had to get my phone fixed, I was late for my appointment. Fortunately, my friend listened to me and understood me. I was truly grateful to my friend.

69 ⊙**에 들어갈 말로 가장 알맞은 것을 고르십시오.**

Choose the most appropriate word to fill in the blank ⊙.

① 잘 보였습니다
it showed well

② 약속에 늦었습니다
I was late for the appointment

❸ 켜지지 않았습니다
it did not turn on

④ 전화가 잘되었습니다
the phone worked well

♦ From the sentence following ⊙ stating that he/she went to a nearby store to show the phone, we can infer that even after plugging in the charger, the phone did not turn on.

70 **윗글의 내용으로** **알 수 있는 것을** **고르십시오.**

Choose what can be inferred from the content of the above text.

① 핸드폰을 비싸게 고쳤습니다. ——→ This information cannot be determined from the given text.
I repaired the phone at a high cost.

② 어제 친구가 집으로 찾아왔습니다. ——→ This information cannot be determined from the given text.
Yesterday, my friend came to my house.

③ 집에서 먼 가게에서 핸드폰을 고쳤습니다. → The phone was repaired at a store close to home.
I fixed the phone at a shop far from home.

❹ 핸드폰을 고치고 친구를 만나러 갔습니다.
I fixed the phone and then went to meet my friend.

정답과 해설

제3회 모의고사

☑ **정답 및 배점표**
Answers and Point Breakdown

☑ **해설**
Explanations

듣기

읽기

제3회 모의고사   정답 및 배점표

Level: TOPIK I / Section: Listening

Number	Answer	Points
1	1	4
2	4	4
3	4	3
4	3	3
5	2	4
6	2	3
7	3	3
8	1	3
9	1	3
10	4	4
11	3	3
12	2	3
13	4	4
14	1	3
15	3	4
16	2	4
17	3	3
18	2	3
19	1	3
20	3	3
21	2	3
22	4	3
23	1	3
24	1	3
25	2	3
26	1	4
27	4	3
28	3	4
29	3	3
30	4	4

Level: TOPIK I / Section: Reading

Number	Answer	Points
31	2	2
32	3	2
33	3	2
34	4	2
35	1	2
36	3	2
37	2	3
38	3	3
39	2	2
40	4	3
41	2	3
42	1	3
43	1	3
44	1	2
45	3	3
46	4	3
47	2	3
48	3	2
49	1	2
50	4	2

Number	Answer	Points
51	4	3
52	2	2
53	1	2
54	4	3
55	4	2
56	1	3
57	4	3
58	3	2
59	2	2
60	2	3
61	1	2
62	2	2
63	3	2
64	2	3
65	4	2
66	1	3
67	4	3
68	3	3
69	3	3
70	1	3

제3회 해설 듣기

🎧 **MP3 audio**

● 1~4 다음을 듣고 <보기>와 같이 물음에 맞는 대답을 고르십시오.

Listen to the following and choose the answer that matches the question, as shown in <Example>.

> **< 보 기 >**
> **<Example>**
>
> **가**: 딸기가 맛있어요?
> **A**: Are the strawberries delicious?
>
> **나**: _______________________________
> **B**: _______________________________
>
> **①** 네, 맛있어요.   **②** 네, 딸기예요.
> Yes, they are delicious.   Yes, they are strawberries.
>
> **③** 아니요, 딸기가 없어요.   **④** 아니요, 딸기가 좋아요.
> No, there are no strawberries.   No, I like strawberries.

1 4점 (4 points)

> **남자**: ◆밥 먹었어요?
> **Man**: Did you eat?
>
> **여자**: _______________________________
> **Woman**: _______________________________

① 네, 먹었어요.   **②** 네, 밥이 없어요.
Yes, I ate.   Yes, there is no rice/meal.

③ 아니요, 밥이에요.   **④** 아니요, 밥을 먹어요.
No, it is rice.   No, I eat (a meal).

◆ Since the question was whether the woman had eaten, the answer should be either "Yes, I ate. (= 네, 먹었어요.)" or "No, I didn't eat. (= 아니요, 안 먹었어요.)"

2

> **여자:** 이 영화 봤어요?
> **Woman:** Have you seen this movie?
>
> **남자:** _______________
> **Man:** _______________

① 네, 안 봤어요.
  Yes, I didn't watch it.

② 네, 영화를 봐요.
  Yes, I watch movies.

③ 아니요, 좋아해요.
  No, I like it.

④ **아니요, 못 봤어요.**
  No, I couldn't watch it.

- Since the question was whether the man watched the movie, the answer should be either "Yes, I watched it. (=네, 봤어요.)" or "No, I didn't/couldn't watch it. (= 아니요, 안/못 봤어요.)"

3

> **남자:** 지금 몇 시예요?
> **Man:** What time is it now?
>
> **여자:** _______________
> **Woman:** _______________

① 지금이에요.
  It's now.

② 시계가 있어요.
  I have a clock.

③ 시간이 없어요.
  I don't have time.

④ **세 시 반이에요.**
  It's three thirty.

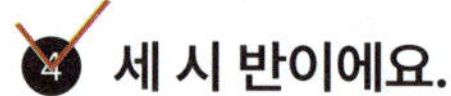 몇 시 is an expression used to ask about time, so the answer should include a time expression.

4

> **여자:** 회사에 어떻게 가요?
> **Woman:** How do you get to work?
>
> **남자:** _______________
> **Man:** _______________

① 자주 가요.
I go often.

② 집으로 가요.
I go home.

③ **지하철로 가요.**
I go by subway.

④ 어머니랑 가요.
I go with my mother.

- 어떻게 is an expression used to ask about a method, so the answer should include a means of transportation.

5~6 다음을 듣고 <보기>와 같이 이어지는 말을 고르십시오.

Listen to the following and choose the next statement as shown in <Example>.

> **< 보 기 >**
> **<Example>**
>
> **가**: 안녕하세요.
> **A**: Hello.
>
> **나**: _______________________________
> **B**: _______________________________
>
> ① **반가워요.**
> Nice to meet you.
>
> ② 괜찮아요.
> It's okay.
>
> ③ 안녕히 계세요.
> Take care.
>
> ④ 안녕히 가세요.
> Goodbye.

5 4점 (4 points)

> **남자**: 내일 봐요.
> **Man**: See you tomorrow.
>
> **여자**: _______________________________
> **Woman**: _______________________________

① 네, 알아요.
Yes, I know.

② **네, 잘 가요.**
Yes, take care.

③ 잘 지냈어요.
I have been well.

④ 오랜만이에요.
Long time no see.

◆ "내일 봐요. (= See you tomorrow.)" is a farewell greeting. To this, you can respond with a farewell such as "네, 잘 가요. (= Yes, take care.)"

6 3점 (3 points)

> **여자:** 새해 복 많이 받으세요.
> **Woman:** Happy New Year.
>
> **남자:** ______________________________
> **Man:** ______________________________

① 아니에요.
   You're welcome.

② 고마워요.
   Thank you.

③ 여기 보세요.
   Please look here.

④ 잠깐 기다리세요.
   Please wait a moment.

- "새해 복 많이 받으세요. (= Happy New Year.)" is a greeting exchanged when the New Year begins. You can respond with the same phrase or by saying "고마워요. (= Thank you.)"

7~10 여기는 어디입니까? <보기>와 같이 알맞은 것을 고르십시오.

Where is this place? Choose the appropriate answer as shown in <Example>.

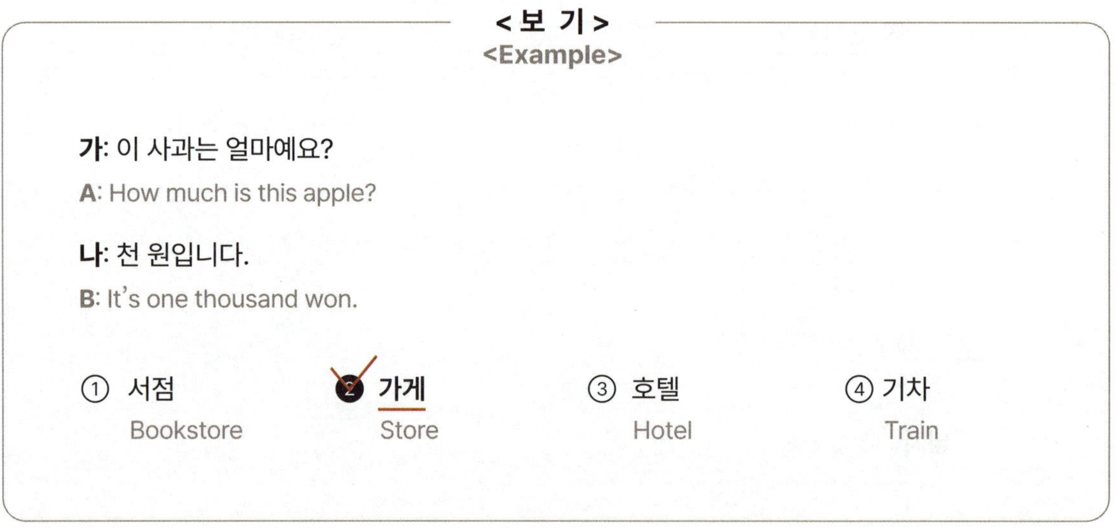

< 보 기 >
<Example>

가: 이 사과는 얼마예요?
A: How much is this apple?

나: 천 원입니다.
B: It's one thousand won.

① 서점   ② 가게   ③ 호텔   ④ 기차
   Bookstore   Store   Hotel   Train

---

7 3점 (3 points)

> **남자:** 기사님, 여기서 내려 주세요.
> **Man:** Driver, please let me off here.
>
> **여자:** 네, 알겠습니다.
> **Woman:** Yes, sure.

| ① 거실 | ② 식당 | ③ 택시 ✓ | ④ 회사 |
| Living room | Restaurant | Taxi | Company / Office |

♦ 기사님 is a word used to address a taxi driver. "여기서 내려 주세요. (= Please let me off here.)" is something a passenger can say to a taxi driver.

8 3점 (3 points)

> **여자:** 이 초콜릿 케이크, 너무 달지 않고 맛있어요.
> **Woman:** This chocolate cake isn't too sweet and it's delicious.
>
> **남자:** 그래요? 그럼 빵 말고 케이크 살까요?
> **Man:** Really? Then shall we buy cake instead of bread?

| ① 빵집 ✓ | ② 버스 | ③ 학교 | ④ 약국 |
| Bakery | Bus | School | Pharmacy |

● The place where cakes and bread are sold is a bakery.

9 3점 (3 points)

> **남자:** 손님, 그림 사진을 찍으시면 안 됩니다.
> **Man:** Ma'am, you must not take photos of the paintings.
>
> **여자:** 앗, 몰랐어요. 죄송합니다.
> **Woman:** Oh, I didn't know. I'm sorry.

| ① 미술관 ✓ | ② 우체국 | ③ 경찰서 | ④ 미용실 |
| Art museum | Post office | Police station | Hair salon |

▸ The place where taking photos is not allowed is an art museum.

10 4점 (4 points)

> **여자:** 어떤 옷 찾으세요?
> **Woman:** What clothes are you looking for?
>
> **남자:** 찾는 건 없고 그냥 구경하려고요.
> **Man:** I'm not looking for anything in particular—just browsing.

① 정류장
Bus stop

② 놀이터
Playground

③ 화장실
Restroom

☑ 백화점
Department store

- The place where you look at or buy clothes is a department store.

11~14 다음은 무엇에 대해 말하고 있습니까? <보기>와 같이 알맞은 것을 고르십시오.

What is being discussed in the following? Choose the appropriate answer as shown in <Example>.

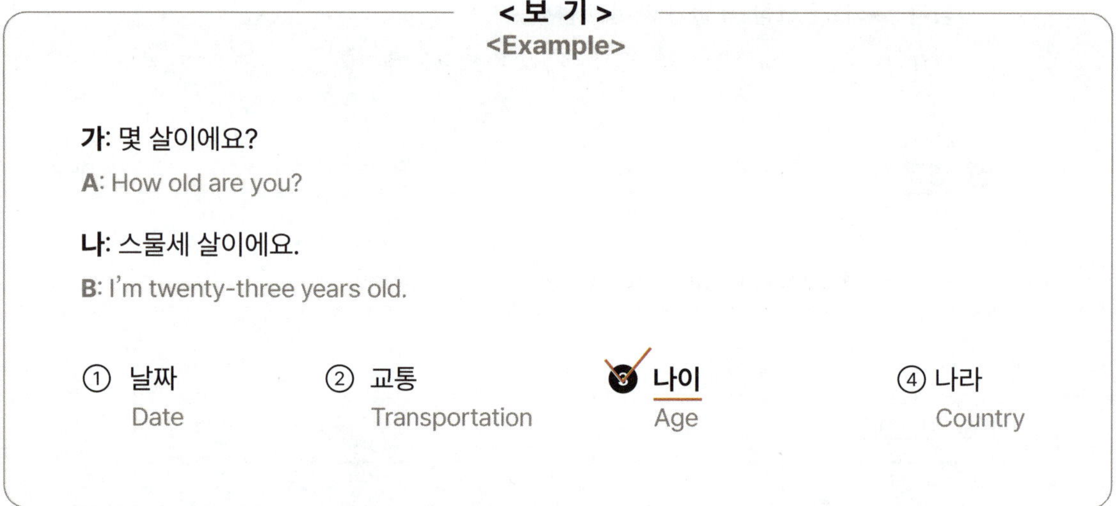

< 보 기 >
<Example>

가: 몇 살이에요?
A: How old are you?

나: 스물세 살이에요.
B: I'm twenty-three years old.

① 날짜
Date

② 교통
Transportation

☑ 나이
Age

④ 나라
Country

11   3점 (3 points)

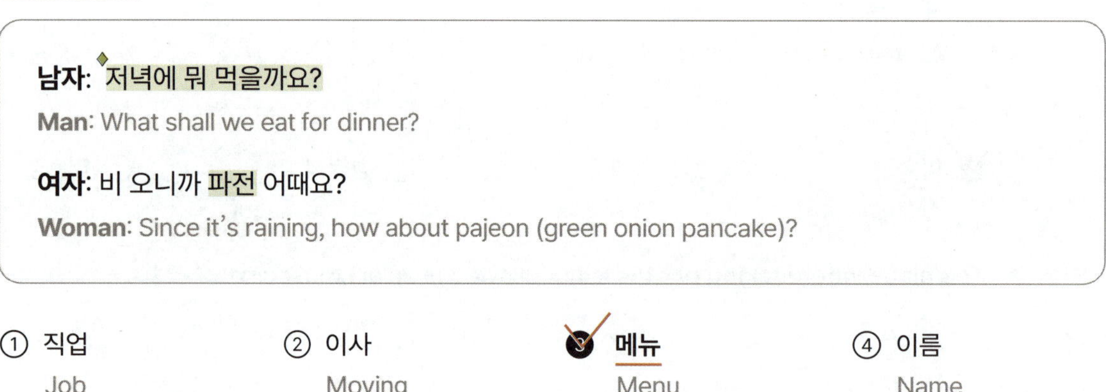

남자: 저녁에 뭐 먹을까요?
Man: What shall we eat for dinner?

여자: 비 오니까 파전 어때요?
Woman: Since it's raining, how about pajeon (green onion pancake)?

① 직업
Job

② 이사
Moving

☑ 메뉴
Menu

④ 이름
Name

◆ "저녁 (= dinner)" and "먹다 (= eat)" are related to "메뉴 (= menu)" which refers to food items. 파전 is one type of food.

12

> **여자:** 이거 얼마예요?
> **Woman:** How much is this?
>
> **남자:** 한 개에 천오백 원, 세 개에 삼천 원이에요.
> **Man:** It's 1,500 won for one, 3,000 won for three.

① 크기   ② 가격   ③ 산책   ④ 약속
Size   Price   Walk   Appointment

● 얼마 is an expression used to ask about amount or price. 천오백 원 and 삼천 원 are prices of items.

13

> **남자:** 수미 씨는 매일 축구해요?
> **Man:** Sumi, do you play soccer every day?
>
> **여자:** 주말에는 축구하고 평일에는 수영해요.
> **Woman:** On weekends I play soccer, and on weekdays I swim.

① 병원   ② 요리   ③ 기분   ④ 운동
Hospital   Cooking   Feeling / Mood   Exercise

▶ "축구 (= soccer)" and " 수영 (= swimming)" are related to exercise.

14

> **여자:** 감기 걸렸어요?
> **Woman:** Did you catch a cold?
>
> **남자:** 네. 수미 씨도 감기 조심하세요.
> **Man:** Yes. You should be careful not to catch a cold, too.

① 건강   ② 식당   ③ 여행   ④ 영화
Health   Restaurant   Travel   Movie / Film

■ "감기 걸렸어요? (= Did you catch a cold?)" and "감기 조심하세요. (= You should be careful not to catch a cold.)" are related to health.

15

> **남자**: 음..., 우리는 지금 여기에 있어요.
>
> **Man**: Um... we are here right now.
>
> **여자**: 그럼 이쪽으로 가면 화장실이 있겠네요.
>
> **Woman**: Then if we go this way, there should be a restroom.

① 

② 

③ 

④ 

◆ "우리는 지금 여기에 있어요. (= We are here right now.)" shows that the man and woman are checking their location. Since the woman said "이쪽 (= This way)," you should choose the picture where she is pointing somewhere.

① 

② 

③ 

④ 

- "이거 좀 봐요. (= Look at this.)" shows that they are talking while looking at something. From "원래 이렇게 작았어요? (= Was this ice cream always this small?)" and "전보다 작아진 것 같기도 하네요. (= It does seem smaller than before)," we can infer that the ice cream was not small before but has become smaller. Therefore, you should choose the picture where the man and woman are looking at the ice cream and talking.

● 17~21 다음을 듣고 <보기>와 같이 대화 내용과 같은 것을 고르십시오. 각 3점 (3 points each)

Listen to the following and choose the option that matches the content of the conversation, as shown in <Example>.

< 보 기 >
<Example>

여자: 집에서 뭐 해요?
Woman: What do you usually do at home?

남자: 동생이랑 드라마를 봐요.
Man: I watch dramas with my younger sibling.

① 여자는 집에 있습니다.
The woman is at home.

② 남자는 동생이 있습니다.
The man has a younger sibling.

③ 여자는 드라마를 봅니다.
The woman watches dramas.

④ 남자는 공부하고 있습니다.
The man is studying.

17

여자: 혹시 제 파란색 머리끈 못 봤어요?
Woman: Have you by any chance seen my blue hair tie?

남자: 그거 아까 수미 씨가 주워서 가져갔어요.
Man: Sumi picked it up earlier and took it.

여자: 아, 고마워요. 수미 씨한테 물어볼게요.
Woman: Oh, thanks. I'll ask Sumi.

① 여자의 머리끈은 노란색입니다. → The woman's hair tie is blue.
The woman's hair tie is yellow.

② 남자는 수미 씨를 찾고 있습니다. → The woman will look for Sumi.
The man is looking for Sumi.

③ 여자는 머리끈을 잃어버렸습니다.
The woman lost her hair tie.

④ 남자는 여자의 머리끈을 주웠습니다. → Sumi picked up the woman's hair tie.
The man picked up the woman's hair tie.

◆ **The woman lost her hair tie and is searching for it.**

18

남자: 이 향수, 60대 여자분이 쓰시기에 괜찮은가요?

Man: Is this perfume suitable for a woman in her 60s?

여자: 그럼요. 요즘 제일 인기가 많은 제품이에요.

Woman: Of course. It's the most popular product these days.

남자: 이거 하나 포장해 주세요.

Man: Please wrap one of these.

여자: 네, 예쁘게 포장해 드릴게요.

Woman: Sure, I'll wrap it nicely.

① 여자는 60대입니다.   → This information cannot be determined from the given text.
The woman is in her 60s.

❷ 남자는 향수를 사고 있습니다.
The man is buying perfume.

③ 여자는 향수를 포장해 주었습니다.   → The woman will wrap the perfume.
The woman wrapped the perfume.

④ 남자가 고른 향수는 인기가 없습니다.   → The perfume the man chose is the most popular one.
The perfume the man chose is not popular.

- Since the man asked to have the perfume wrapped, he is buying perfume.

19

남자: 여기 화장실이 어디예요?

Man: Where is the restroom here?

여자: 건물 2층에 있는데, 계산대에서 열쇠 가지고 가세요.

Woman: It's on the second floor; please take the key from the counter.

남자: 열쇠가 없는 것 같은데요.

Man: It seems the key isn't there.

여자: 그러면 누가 화장실 쓰고 있는 거니까 잠시만 기다려 주세요.

Woman: Then someone must be using it—please wait a moment.

❶ 남자는 화장실에 가려고 합니다.
The man intends to go to the restroom.

② 여자는 화장실에 갔다 왔습니다.　→ This information cannot be determined from the given text.
The woman has been to the restroom.

③ 남자는 화장실 열쇠를 가지고 있습니다.　→ Someone else has the restroom key.
The man has the restroom key.

④ 여자는 남자에게 화장실 열쇠를 줬습니다.　→ Someone else has the restroom key.
The woman gave the man the restroom key.

▶ The man asked where the restroom is, and he will go once the person using it comes out.

20

여자: 자연 좋아하는 사람에게 추천해 줄 여행지 있어요?
Woman: Do you have a travel destination to recommend for someone who loves nature?

남자: 인주시 어때요? 풍경이 너무 아름다워서 잊을 수가 없어요.
Man: How about Inju City? The scenery is so beautiful—I can't forget it.

여자: 아, 저는 좋은데 같이 가는 친구는 쇼핑을 좋아해서요.
Woman : I'd like that, but my friend who's coming likes shopping.

남자: 걱정 마세요. 인주시는 쇼핑할 곳도 많거든요.
Man: Don't worry. Inju City also has many places to shop.

① 여자는 가족과 여행을 갑니다.　→ The woman is going on a trip with a friend.
The woman is traveling with family.

② 두 사람은 함께 쇼핑할 겁니다.　→ This information cannot be determined from the given text.
The two will go shopping together.

❸ 남자는 여행지를 추천해 줬습니다.
The man recommended a travel destination.

④ 인주시에서는 쇼핑을 하기 어렵습니다.　→ In Inju City, there are many places to shop.
It's hard to shop in Inju City.

21

남자: 우리 과제, 언제까지였죠?

Man: When was our assignment due?

여자: 이번 주 금요일까지요. 저도 아직 하고 있어요.

Woman: By this Friday. I'm still working on it.

남자: 전 아직 시작도 못 했어요. 주말에 너무 바빴거든요.

Man: I haven't even started. I was too busy over the weekend.

여자: 이번 과제 생각보다 오래 걸려요. 빨리 시작해요.

Woman: This assignment takes longer than you think. Start soon.

① 남자는 과제를 ~~하고 있습니다.~~ → The man has not started his assignment.
The man is doing the assignment.

❷ 여자는 과제를 아직 다 못 했습니다.
The woman hasn't finished the assignment yet.

③ ~~여자는 남자의 과제를 도와줬습니다.~~ → This information cannot be determined from the given text.
The woman helped with the man's assignment.

④ 남자는 과제가 있는 것을 ~~몰랐습니다.~~ → He knew about the assignment, but didn't know the deadline.
The man didn't know there was an assignment.

● **22~24** 다음을 듣고 여자의 중심 생각을 고르십시오. 각 3점 (3 points each)

Listen to the following and choose the woman's main idea.

22

남자: 다음 주에 강아지를 돌봐 줄 사람이 없어서 고민이에요.

Man: I'm worried because I have no one to take care of my dog next week.

여자: 사무실에 데리고 와요.

Woman: Bring it to the office.

남자: 그래도 돼요? 동료들이 안 좋아하면 어떡하죠?

Man: Is that okay? What if coworkers don't like it?

여자: 강아지 교육만 잘되어 있으면 괜찮죠. 다들 좋아할 거예요.

Woman: It's fine as long as the dog is well-trained. Everyone will like it.

① 동료의 강아지를 돌봐 주고 싶습니다.
She wants to take care of a colleague's dog.

② 강아지가 있으면 일할 때 도움이 됩니다.
Having a dog helps when working.

③ 강아지와 출근하는 회사가 많아져야 합니다.
More companies should allow dogs at work.

④ 사무실에 강아지를 데리고 와도 괜찮습니다.
It's okay to bring a dog to the office.

◆ The woman said if the dog is well-trained, it's fine to bring it to the office.

23

여자: 아직도 아파요? 빨리 약 먹어요.
Woman: Are you still in pain? Take some medicine right away.

남자: 아직 괜찮아요. 더 아프면 먹을게요.
Man: I'm okay for now. I'll take it if it gets worse.

여자: 아픈데 참고 있는 것보다 바로 약 먹는 게 나아요.
Woman: It's better to take medicine right away than to endure the pain.

남자: 그래도 약을 너무 자주 먹으면 안 좋지 않아요?
Man: But isn't it bad to take medicine too often?

① 아플 때는 약을 빨리 먹는 게 좋습니다.
It's good to take medicine right away when you're in pain.

② 조금 아프면 약을 조금만 먹어도 됩니다.
If it's minor pain, you may take a little medicine.

③ 아파도 약을 안 먹고 참는 것이 좋습니다.
It's better to endure without medicine.

④ 빨리 나으려면 약국보다 병원에 가야 합니다.
To recover quickly, go to a hospital rather than a pharmacy.

● The woman said it's better not to endure the pain but to take medicine right away.

24

남자: 저 휴대폰 새로 바꿨어요.

Man: I got a new phone.

여자: 벌써요? 1년밖에 안 됐는데요?

Woman: Already? It's only been a year.

남자: 저는 새로운 걸 남들보다 빨리 쓰고 싶어서 1년 정도 되면 바꿔요.

Man: I like using new things earlier than others, so I switch after about a year.

여자: 그래요? 저는 휴대폰이 고장 날 때까지 쓰는 편이에요.

Woman: Really? I use my phone until it breaks.

① 휴대폰을 오래 쓰는 것이 좋습니다.

It's good to use a phone for a long time.

② 새로운 걸 경험하는 것이 중요합니다.

Experiencing new things is important.

③ 새 휴대폰이 나올 때마다 바꿔야 합니다.

You must switch every time a new phone comes out.

④ 휴대폰이 고장 나기 전에 팔고 싶습니다.

I want to sell my phone before it breaks.

The woman said she tends to use her phone until it breaks. Therefore, we can tell she thinks it's better to use a phone for a long time.

25~26 다음을 듣고 물음에 답하십시오.

Listen to the following and answer the questions.

여자: (딩동댕) 학생회에서 알려 드립니다. 다음 주부터 열리는 그림 동아리 전시회의 장소가 바뀌었습니다. 전시회는 학생회관이 아닌, 도서관 로비에서 진행됩니다. 도서관에서 그림 동아리의 작품들을 구경하시기 바랍니다. 자세한 내용은 게시판에서 확인해 주십시오. 감사합니다. (댕딩동)

Woman: (Ding-dong-dang) This is an announcement from the student council. The venue for the art club exhibition opening next week has changed. The exhibition will be held in the library lobby, not the student union building. Please enjoy the art club's works at the library. For details, check the bulletin board. Thank you. (Dang-ding-dong)

25 여자가 왜 이 이야기를 하고 있는지 고르십시오. 3점 (3 points)

Why is the woman making this announcement?

① 전시회가 취소되어서
   Because the exhibition was canceled

② 전시회 장소가 바뀌어서
   Because the exhibition venue changed

③ 작품을 설명하기 위해서
   To explain the artworks

④ 전시회 일정을 알리기 위해서
   To announce the exhibition schedule

◆ She is announcing that the exhibition location has been changed from the student union building to the library lobby.

26 들은 내용과 같은 것을 고르십시오. 4점 (4 points)

Choose the option that matches the content you heard.

● ① 전시회는 다음 주에 열립니다.
   The exhibition will be held next week.

② 학생회에서 그림을 그렸습니다.   → The art club drew the pictures.
   The student council drew the pictures.

③ 전시회는 학생회관에서 열립니다.   → The exhibition will be held in the library lobby.
   The exhibition is held at the student union.

④ 그림 동아리에서 그림을 설명해 줍니다.   → This information cannot be determined from the given text.
   The art club will explain the artworks.

Listen to the following and answer the questions.

> **남자**: 수미 씨, 주말에 뭐 했어요?
>
> **Man**: Sumi, what did you do over the weekend?
>
> **여자**: 옷 정리했어요. 정리한 옷 버리려고 보니까 아예 안 입은 옷도 많아서 너무 아까워요.
>
> **Woman**: I organized my clothes. When I was about to throw them away, I saw many I'd never worn—what a waste.
>
> **남자**: 버리지 말고 기부하는 건 어때요?
>
> **Man**: How about donating instead of throwing them away?
>
> **여자**: 그러고 싶은데 기부하는 곳이 좀 멀어서요.
>
> **Woman**: I'd like to, but the donation place is a bit far.
>
> **남자**: 요즘에는 집 앞에 중고 물건을 두면 직접 가져가는 서비스가 있어요.
>
> **Man**: These days there's a service that picks up secondhand items if you leave them in front of your house.
>
> **여자**: 정말요? 너무 편하겠는데요? 저도 이용해 보고 싶어요.
>
> **Woman**: Really? That sounds so convenient. I want to try it too.

27   **두 사람이 무엇에 대해 이야기를 하고 있는지 고르십시오.** 3점 (3 points)

What are the two people talking about?

① 중고 물건의 장점
Advantages of secondhand goods

② 중고 물건을 버리는 장소
Places to discard secondhand goods

③ 물건을 기부해야 하는 이유
Reasons to donate items

❹ 물건을 편하게 기부하는 방법
A convenient way to donate items

◆ During a conversation about a service that picks up donated items left in front of the house, the woman said the service seems convenient.

28　들은 내용과 **같은 것**을 고르십시오. [4점 (4 points)]

Choose the option that matches the content you heard.

① 남자는 주말에 옷을 정리했습니다.　→ The woman organized her clothes.
The man organized clothes over the weekend.

② 남자는 중고 물건을 파는 일을 합니다.　→ This information cannot be determined from the given text.
The man sells secondhand goods for work.

③ 여자는 안 입은 옷을 기부하려고 합니다.
The woman plans to donate unworn clothes.

④ 여자는 정리한 옷을 집 앞에 두었습니다.　→ She did not leave the clothes in front of the house.
The woman put the sorted clothes in front of the house.

- The woman was going to throw away clothes she had never worn, but after hearing about the donation service recommended by the man, she said she wanted to try it.

29~30　다음을 듣고 물음에 답하십시오.

Listen to the following and answer the questions.

> **여자**: 민수 씨, 안녕하세요? 머리를 아주 짧게 자르셨어요. 작품 때문인가요?
> **Woman**: Hello, Min-su. Your hair is very short—was it for a project?
>
> **남자**: 맞아요. 다음 작품에서 운동 선수 역할을 맡았거든요. 다른 것에 신경 쓰지 않고 운동에만 집중하려고 머리를 자르는 장면이 나와요. 그래서 머리를 자르게 되었어요.
> **Man**: Yes. In my next work, I play an athlete. There's a scene where I cut my hair to focus only on training without distractions, so I cut it.
>
> **여자**: 멋지네요. 항상 긴 머리를 유지하셨는데 짧은 머리가 어색하지는 않으세요?
> **Woman**: Nice! You always had long hair—does short hair feel awkward?
>
> **남자**: 처음에는 그랬는데 금방 익숙해졌어요. 저는 머리 감을 때 편해서 너무 좋아요.
> **Man**: At first it did, but I got used to it quickly. I love how easy it is to wash.
>
> **여자**: 팬들의 반응이 궁금한데요.
> **Woman**: I'm curious about the fans' reaction.
>
> **남자**: 다행히 팬분들도 색다른 모습을 좋아해 주시는 것 같아요.
> **Man**: Fortunately, it seems the fans like this different look.

29 남자가 머리를 자른 이유를 고르십시오. 3점 (3 points)

Choose the reason why the man cut his hair.

① 팬들이 원해서
Because fans wanted it

② 긴 머리가 불편해서
Because long hair was inconvenient

❸ 다음 작품을 위해서
For his next work

④ 색다른 모습을 보여 주고 싶어서
To show a different look

♦ The man cut his hair because in his next role there is a scene where he cuts his hair.

30 들은 내용과 같은 것을 고르십시오. 4점 (4 points)

Choose the option that matches the content you heard.

① 남자는 다시 머리를 기를 겁니다. → This information cannot be determined from the given text.
He will grow his hair again.

② 남자는 머리를 자르고 싶었습니다. → This information cannot be determined from the given text.
He wanted to cut his hair.

③ 남자는 운동에만 집중하려고 합니다. → The one who wants to focus only on exercise is not the man himself, but the athlete character he plays in his next work.
He intends to focus only on training.

❹ 남자의 팬들은 짧은 머리를 좋아합니다.
His fans like his short hair.

• He said fans also seem to like his new look. The "new look" refers to the man's short hair, which is different from before.

31~33 무엇에 대한 내용입니까? <보기>와 같이 알맞은 것을 고르십시오. 각 2점 (2 points each)

What is the topic? Choose the appropriate answer as shown in <Example>.

< 보 기 >
<Example>

우리는 학교에서 만났습니다. 우리는 같이 놉니다.
We met at school. We play together.

① 친구   ② 위치   ③ 주말   ④ 나이
Friends   Location   Weekend   Age

31

집 근처에 편의점이 있습니다. 편의점이 가깝습니다.
There is a convenience store near my house. The convenience store is close.

① 날짜   ② 위치   ③ 요리   ④ 소개
Date   Location   Cooking   Introduction

♦ Both "집 근처 (= near the house)" and "가깝다 (= close)" are related to location.

32

인주에서 태어났습니다. 인주에서 자랐습니다.
I was born in Inju. I grew up in Inju.

① 직업   ② 나라   ③ 고향   ④ 여행
Job   Country   Hometown   Travel

● Both "태어나다 (= to be born)" and "자라다 (= to grow up)" are related to one's hometown.

33

동생의 **생일**입니다. **저녁**에 **생일 파티**가 있습니다.
It's my younger sibling's birthday. There is a birthday party in the evening.

① 축제
Festival

② 시간
Time

③ **계획**
Plan

④ 친구
Friend

▶ Because it's the younger sibling's birthday, a birthday party is planned for the evening.

● 34~39 <보기>와 같이 ( )에 들어갈 말로 가장 알맞은 것을 고르십시오.
Choose the most appropriate word to fill in the blank, as in <Example>.

< 보 기 >
<Example>

친구의 생일입니다. 친구에게 편지를 ( ).
It's my friend's birthday. I ( ) a letter to my friend.

① 갑니다
Go

② **씁니다**
Write

③ 입습니다
Wear

④ 읽습니다
Read

34 2점 (2 points)

봄이 되었습니다. 날씨가 ( ).
It has become spring. The weather is ( ).

① 어렵습니다
Difficult

② 가깝습니다
Near / Close

③ 무겁습니다
Heavy

④ **따뜻합니다**
Warm

◆ In spring, the weather is warm.

35 2점 (2 points)

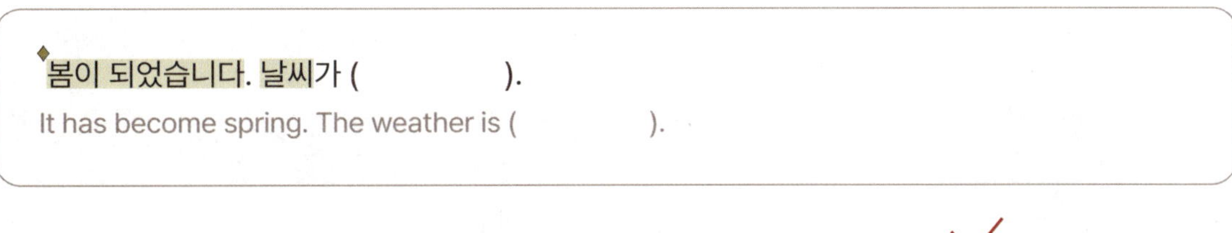

( )을 꺼냅니다. **공부를 합니다.**
I take out a ( ). I study.

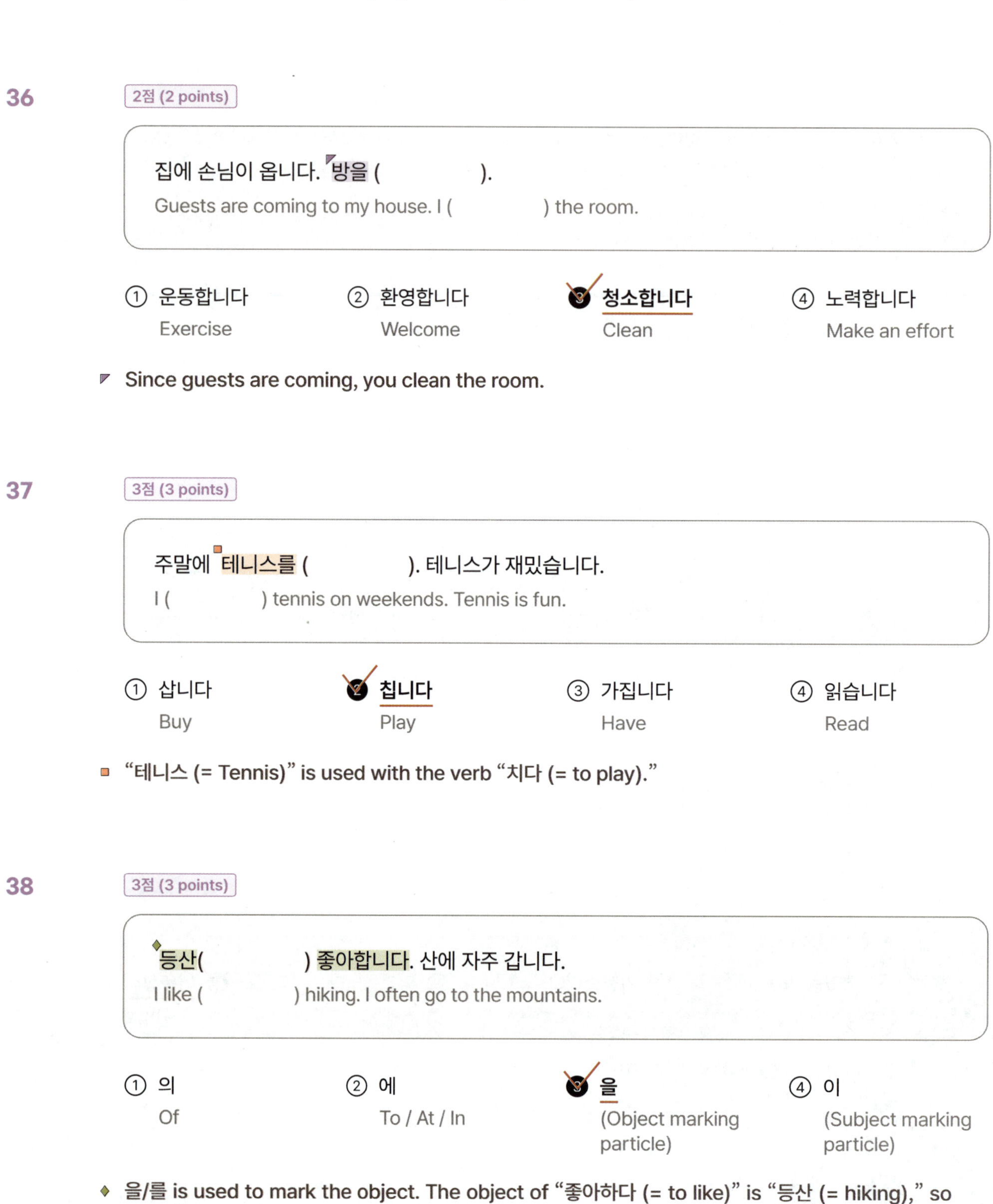

① **필통** ② 거울 ③ 달력 ④ 치약
Pencil case　　Mirror　　Calendar　　Toothpaste

● What you need when studying is a "필통 (= pencil case)."

36 2점 (2 points)

> 집에 손님이 옵니다. 방을 (　　　　).
> Guests are coming to my house. I (　　　　) the room.

① 운동합니다 ② 환영합니다 ③ **청소합니다** ④ 노력합니다
Exercise　　Welcome　　Clean　　Make an effort

Since guests are coming, you clean the room.

37 3점 (3 points)

> 주말에 테니스를 (　　　　). 테니스가 재밌습니다.
> I (　　　　) tennis on weekends. Tennis is fun.

① 삽니다 ② **칩니다** ③ 가집니다 ④ 읽습니다
Buy　　Play　　Have　　Read

■ "테니스 (= Tennis)" is used with the verb "치다 (= to play)."

38 3점 (3 points)

> 등산(　　　　) 좋아합니다. 산에 자주 갑니다.
> I like (　　　　) hiking. I often go to the mountains.

① 의 ② 에 ③ **을** ④ 이
Of　　To / At / In　　(Object marking particle)　　(Subject marking particle)

◆ 을/를 is used to mark the object. The object of "좋아하다 (= to like)" is "등산 (= hiking)," so using 을 is appropriate.

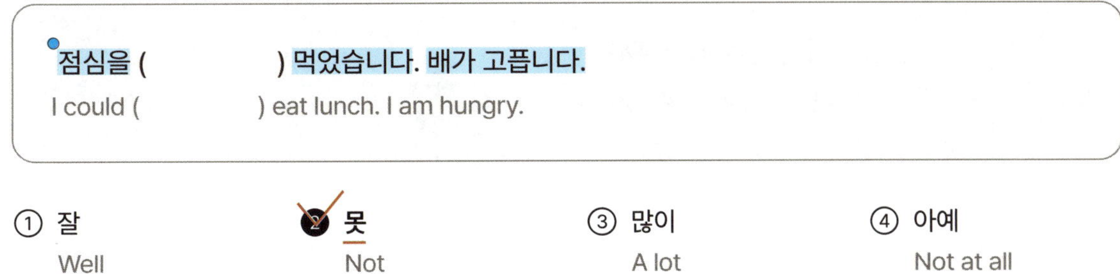

① 잘
Well

② 못
Not

③ 많이
A lot

④ 아예
Not at all

- Because you couldn't eat lunch, you're hungry. Using 못 is appropriate.

40~42 다음을 읽고 맞지 않는 것을 고르십시오. 각 3점 (3 points each)

Read the following and choose the incorrect statement.

40

① 깨끗합니다.
It is clean.

② 운동화입니다.
They are sneakers.

③ 오만 원입니다.
It is 50,000 won.

④ 많이 신었습니다. → They were worn once.
They were worn a lot.

41

Place it in a sunny spot.
Water it once a week.
Keep it in a breezy place.
Price: 30,000 won

① 삼만 원입니다.
It is 30,000 won.

② 물을 한 달에 한 번 줘야 합니다. → You must water it once a week.
You must water it once a month.

③ 바람이 부는 곳에 두어야 합니다.
You should place it where it is breezy.

④ 햇빛이 있는 곳에 두어야 합니다.
You should place it where there is sunlight.

42

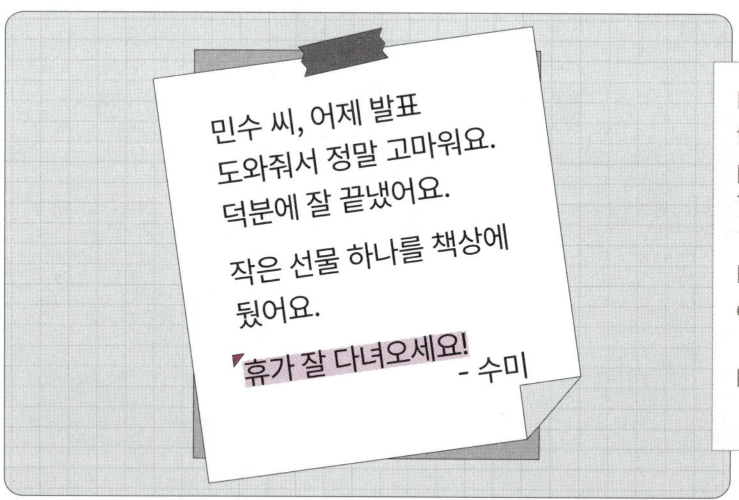

Min-su, thank you so much for helping me with the presentation yesterday. Thanks to you, it went well.

I left a small gift on your desk.

Have a great vacation!
- Sumi

① 수미는 휴가를 갔습니다. → Because Sumi said to Min-su, "Have a great vacation!", the person going on vacation is Min-su.
Sumi went on vacation.

② 민수가 발표를 도와줬습니다.
Min-su helped with the presentation.

③ 수미는 어제 발표를 했습니다.
Sumi gave a presentation yesterday.

④ 민수의 책상에 선물이 있습니다.
There is a gift on Min-su's desk.

Read the following and choose the one that matches the content.

43 3점 (3 points)

> 저는 오늘 새 신발을 신고 학교에 갔습니다. 그런데 눈이 많이 와서 새 신발이 더러워졌습니다. 기분이 안 좋았습니다.
>
> I wore new shoes to school today. But it snowed a lot, so my new shoes got dirty. I felt bad.

① 오늘 눈이 왔습니다.
It snowed today.

② 저는 눈을 싫어합니다. → This information cannot be determined from the given text.
I dislike snow.

③ 오늘 학교에 못 갔습니다. → He/she went to school.
I couldn't go to school today.

④ 새 신발을 사고 싶습니다. → He/she already bought new shoes.
I want to buy new shoes.

44 2점 (2 points)

> 저는 점심을 먹고 설거지를 했습니다. 어머니가 좋아하시는 컵을 깼습니다. 그런데 어머니가 화를 내지 않으셨습니다.
>
> After lunch, I did the dishes. I broke my mother's favorite cup. But she didn't get angry.

① 저는 컵을 깼습니다.
I broke a cup.

② 저는 설거지를 자주 합니다. → This information cannot be determined from the given text.
I often do the dishes.

③ 어머니가 설거지를 좋아하십니다. → This information cannot be determined from the given text.
My mother likes doing the dishes.

④ 컵을 깨서 어머니가 화를 내셨습니다. → She did not get angry.
My mother got angry because I broke a cup.

45　3점 (3 points)

> 제 친구는 다음 달에 회사를 그만둡니다. 그래서 우리는 친구를 위해 파티를 준비했습니다. 친구가
> 아주 좋아했습니다.
>
> My friend is leaving the company next month. So we threw a party for my friend. My friend
> liked it a lot.

① 저는 회사를 그만두었습니다.　→ **The friend is going to quit his/her job.**
　 I quit my job.

② 친구는 파티를 안 좋아했습니다.　→ **The friend loved the party.**
　 My friend didn't like the party.

③ **친구를 위해 파티를 준비했습니다.**
　 We threw a party for our friend.

④ 제 친구는 다음 달에 새 회사로 갑니다.　→ **This information cannot be determined from the given text.**
　 My friend is going to a new
　 company next month.

⊘ 46~48　**다음을 읽고 중심 내용을 고르십시오.**

Read the following and choose the main idea.

46　3점 (3 points)

> 이번 주말에 제 친구가 결혼합니다. 저는 친구가 결혼해서 정말 기쁩니다. 저는 친구에게 결혼 선
> 물을 줄 겁니다.
>
> My friend is getting married this weekend. I'm really happy about it. I will give a wedding gift.

① 저도 결혼하고 싶습니다.
　 I also want to get married.

② 저는 친구의 결혼식에 갑니다.
　 I am going to my friend's wedding.

③ 친구는 비싼 선물을 좋아합니다.
　 My friend likes expensive gifts.

④ **친구가 결혼해서 기분이 좋습니다.**
　 I feel good because my friend is getting married.

◆ **The text says he/she is happy about his/her friend is getting married.**

47

> 저는 오래된 카메라를 가지고 있습니다. 이제 카메라가 켜지지 않습니다. 사진을 찍을 수 없습니다.
>
> I have an old camera. Now it won't turn on. I can't take photos.

① 집에 카메라가 많습니다.
I have many cameras at home.

② **카메라가 고장 났습니다.**
The camera is broken.

③ 오래된 카메라가 좋습니다.
Old cameras are good.

④ 저는 사진을 찍고 싶습니다.
I want to take photos.

- The fact that the old camera won't turn on and he/she can't take pictures means the camera is broken.

48

> 저는 달리기를 좋아합니다. 친구와 함께 마라톤 대회에 나가기로 했습니다. 매일 열심히 연습하고 있습니다.
>
> I like running. I decided to enter a marathon with a friend. I am practicing hard every day.

① 달리기는 힘듭니다.
Running is hard.

② 대회는 중요하지 않습니다.
The race is not important.

③ **대회를 열심히 준비하고 있습니다.**
I am preparing hard for the race.

④ 건강을 위해 달리기를 해야 합니다.
You should run for your health.

- The text states he/she is preparing hard for the marathon.

> 저는 주말에 친구가 일하는 카페에 갔습니다. 손님이 정말 많아서 친구의 일을 도와줬습니다. 하루 종일 커피를 만들고 테이블을 정리했습니다. 일이 끝나고 친구와 놀기로 했습니다. 그런데 끝나고 나니까 너무 피곤해서 바로 집에 (㉠).
>
> I went to the café where my friend works over the weekend. There were so many customers that I helped my friend. I made coffee and cleaned tables all day. We planned to hang out after work, but when it ended I was so tired that I (㉠) straight home.

49 ㉠에 들어갈 말로 가장 알맞은 것을 고르십시오.

Choose the most appropriate word to fill in the blank ㉠.

① **가야 했습니다**
had to go

② 가고 있었습니다
was going

③ 가지 않았습니다
did not go

④ 갈 수 없었습니다
could not go

정답 (Correct Answer)

① -아/어/여야 하다 indicates obligation or necessity. Since he/she was very tired, it is natural that he/she needed to go home, so "가야 했습니다 (= had to go)" is appropriate.

오답 (Incorrect Answer)

② -고 있다:
An expression used when an action is in progress.

③ -지 않다:
An expression used to negate an action or state.

④ -(으)ㄹ 수 없다:
An expression that indicates inability or impossibility.

50 윗글의 내용과 같은 것을 고르십시오.

Choose the statement that matches the passage.

① 저는 카페에 ~~손님으로 갔습니다~~. → He/she helped with the café work at the café where his/her friend works.
I went to the café as a customer.

② 친구의 카페에는 ~~손님이 없었습니다~~. → There were indeed many customers at the friend's café.
There were no customers at my friend's café.

③ ~~저는 주말에 친구와 커피를 마셨습니다~~. → This information cannot be determined from the given text.
I drank coffee with my friend over the weekend.

❹ 친구의 카페에서 친구의 일을 도와줬습니다.
I helped my friend with work at the café.

51~52 다음을 읽고 물음에 답하십시오.

Read the following and answer the questions.

인주대학교에는 학생들이 쉴 수 있는 휴게 공간이 있습니다. 그곳에서는 친구들과 놀거나 공부할 수 있습니다. 또 간단한 요리를 하거나 음식을 시켜서 먹어도 됩니다. (㉠) 많은 사람들이 함께 쓰는 공간이기 때문에 서로를 배려해야 합니다.

At Inju University, there is a lounge where students can rest. There, you can hang out with friends or study. You may also cook simple meals or order food to eat. (㉠) because many people share the space, everyone should be considerate of others.

51 ㉠에 들어갈 말로 가장 알맞은 것을 고르십시오. 3점 (3 points)

Choose the most appropriate word to fill in the blank ㉠.

① 그러면
Then

② 그래서
Therefore

③ 그러니까
That means

❹ 그렇지만
However

◆ 그렇지만 is used to acknowledge the previous statement while presenting a contrasting one. Since the text says you may do various things in the lounge while you must be considerate of others, using 그렇지만 is natural.

52 무엇에 대한 내용인지 맞는 것을 고르십시오. 2점 (2 points)

Choose what the passage is about.

① 휴게 공간에 필요한 물건들
   Items needed in the lounge

② 휴게 공간에서 할 수 있는 일
   Things you can do in the lounge

③ 휴게 공간이 있어야 하는 이유
   Why a lounge is necessary

④ 휴게 공간을 이용할 수 있는 시간
   Hours the lounge is open

- Playing with friends, studying, cooking, or eating food are all things you can do in the lounge.

53~54 다음을 읽고 물음에 답하십시오.

Read the following and answer the questions.

> 저는 지금 가족과 함께 부산으로 여행을 와 있습니다. 오전에 바닷가에서 즐겁게 놀고 있었는데, 갑자기 집의 에어컨을 껐는지 기억이 나지 않았습니다. 어머니도, 아버지도, 동생도 (㉠   ) 없다고 했습니다. 여행이 3일이나 남았는데 너무 걱정이 됩니다. 다음에는 꼭 출발하기 전에 확인해야겠습니다.
>
> I'm currently on a trip to Busan with my family. We were having fun at the beach in the morning when suddenly I couldn't remember whether we turned off the air conditioner at home. My mother, father, and younger sibling all said they never (㉠   ). There are still three days left in the trip, so I'm very worried. Next time I'll be sure to check before we leave.

53 ㉠에 들어갈 말로 가장 알맞은 것을 고르십시오. 2점 (2 points)

Choose the most appropriate word to fill in the blank ㉠.

① 끈 적이
   have turned off

② 끈 후에
   after turning off

③ 끄고 나서
   after turning off

④ 끄게 되면
   when (we) turn off

> **정답 (Correct Answer)**
>
> ① -(으)ㄴ 적이 없다 indicates having no experience in the past. Since the context implies that no one in the family remembers turning off the air conditioner, "끈 적이 없다 (= have never turned it off)" is appropriate.
>
> **오답 (Incorrect Answer)**
>
> ② -(으)ㄴ 후에:
> An expression indicating that the preceding action occurs before the following one in time.
>
> ③ -고 나서:
> An expression used when another action follows after one action has finished.
>
> ④ -게 되다:
> An expression used when a result, situation, or state occurs due to external influence.

54 윗글의 내용과 같은 것을 고르십시오. 3점 (3 points)

Choose the statement that matches the passage.

① ~~어제 바다에서 수영을 했습니다.~~ → This information cannot be determined from the given text.
I swam in the sea yesterday.

② 오늘은 여행의 ~~마지막 날입니다.~~ → There are three days left on the trip.
Today is the last day of the trip.

③ 출발하기 전에 에어컨을 ~~껐습니다.~~ → They said they don't remember turning off the air conditioner.
We turned off the air conditioner before leaving.

④ 가족과 함께 여행을 하고 있습니다.
I am traveling with my family.

> 이번 달에 인주시에 새로 생긴 실내 식물원이 인기입니다. 이 식물원은 축구장보다 약 70배 크고 한국에서 보기 어려운 꽃과 나무도 많습니다. 식물원 옆에는 예쁜 호수도 있습니다. 가족, 친구, 연인이 함께 오기 좋습니다. 평일에는 사람이 적어서 편하게 (　㉠　) 주말에는 사람이 정말 많아서 줄을 서야 합니다. 입장권은 인터넷이나 식물원 1층에서 살 수 있습니다.
>
> This month, a new indoor botanical garden opened in Inju City and it's popular. It's about 70 times larger than a soccer field and has many flowers and trees that are hard to see in Korea. There's a pretty lake next to it. It's great for families, friends, and couples. On weekdays there are fewer people so you can comfortably (　㉠　) on weekends it's very crowded, so you must line up. Tickets can be bought online or on the first floor of the botanical garden.

55 ㉠에 들어갈 말로 가장 알맞은 것을 고르십시오. 2점 (2 points)

Choose the most appropriate word to fill in the blank ㉠.

① 살 수 있지만
　buy (tickets), but

② 먹을 수 있지만
　eat, but

③ 만들 수 있지만
　make, but

✔ **구경할 수 있지만**
　look around, but

◆ Since there are many people on weekends and you have to wait in line, it makes sense that you can look around comfortably on weekdays, when there are fewer people.

56 윗글의 내용과 같은 것을 고르십시오. 3점 (3 points)

Choose the statement that matches the passage.

✔ **한국에서 보기 어려운 꽃이 있습니다.**
　There are flowers that are hard to see in Korea.

② ~~축구장과 크기가 똑같은~~ 식물원입니다.　→ **The conservatory is about 70 times larger than a soccer field.**
　It's the same size as a soccer field.

③ 인주시에 ~~야외~~ 식물원이 새로 생겼습니다.　→ **A new indoor conservatory has opened.**
　An outdoor botanical garden has newly opened in Inju City.

④ 입장권은 식물원 ~~어디에서나~~ 살 수 있습니다.　→ **You can buy tickets on the first floor of the conservatory.**
　You can buy tickets anywhere in the garden.

Choose the correct order of the following statements.

57 3점 (3 points)

(가) **하지만** 아직 부족해서 **더 열심히 연습할 겁니다**.

However, I'm still not good enough, so I'll practice harder.

(나) 동영상을 보면서 하루에 한 시간씩 **연습했습니다**.

I practiced an hour a day while watching videos.

(다) **그 결과** 이제는 쉬운 곡을 **연주할 수 있게 되었습니다**.

As a result, I can now play easy songs.

(라) 최근에 작은 기타처럼 생긴 **우쿨렐레를 배우기 시작했습니다**.

Recently, I started learning the ukulele, which looks like a small guitar.

① (가) – (나) – (라) – (다) ② (가) – (라) – (다) – (나)

③ (라) – (가) – (나) – (다) ④ **(라) – (나) – (다) – (가)**

(가) → **4**

Finally, it expresses a resolution that comes after the result.

(나) → **2**

After stating that he/she started learning, it naturally explains how he/she practiced.

(다) → **3**

Then it describes the result of that practice.

(라) → **1**

Since the text is about the ukulele, it is most appropriate to begin with the sentence stating that he/she started learning the ukulele.

정답 (Correct Answer)

(라) 최근에 작은 기타처럼 생긴 우쿨렐레를 배우기 시작했습니다. (나) 동영상을 보면서 하루에 한 시간씩 연습했습니다. (다) 그 결과 이제는 쉬운 곡을 연주할 수 있게 되었습니다. (가) 하지만 아직 부족해서 더 열심히 연습할 겁니다.

(가) 털이 뭉치면서 쉽게 정리됩니다.

The fur clumps together, making it easy to clean.

(나) 청소기가 없을 때 유용한 방법입니다.

It's useful when you don't have a vacuum.

(다) 이럴 때는 고무장갑을 끼고 문질러 보세요.

In such cases, wear rubber gloves and rub the surface.

(라) 고양이 털이 옷이나 소파에 많이 묻을 때가 있습니다.

Sometimes a lot of cat hair gets on clothes or the sofa.

① (다) – (가) – (나) – (라)   ② (다) – (라) – (나) – (가)

❸ **(라) – (다) – (가) – (나)**   ④ (라) – (나) – (가) – (다)

(가) → 3

Next, it explains the result of using this method.

(나) → 4

Lastly, it describes when it is useful to apply this method.

(다) → 2

Then it provides a method for solving the problem.

(라) → 1

It is most appropriate to begin by introducing the problem situation.

정답 (Correct Answer)

(라) 고양이 털이 옷이나 소파에 많이 묻을 때가 있습니다. (다) 이럴 때는 고무장갑을 끼고 문질러 보세요. (가) 털이 뭉치면서 쉽게 정리됩니다. (나) 청소기가 없을 때 유용한 방법입니다.

 다음을 읽고 물음에 답하십시오.

Read the following and answer the questions.

> 한 달 전부터 우리 집 현관 위에 제비가 자주 날아왔습니다. (㉠) 알고 보니 제비들이 둥지를 짓고 있었습니다. (㉡) 그리고 며칠 전, 드디어 새끼 제비 소리가 들렸습니다. (㉢) 신기하고 귀여워서 매일 쳐다보고 있습니다. (㉣) 새끼 제비들이 건강하게 자랐으면 좋겠습니다.
>
> For the past month, swallows have often flown above our front door. (㉠) It turned out they were building a nest. (㉡) And a few days ago, we finally heard the baby swallows. (㉢) It's so amazing and cute that we look at them every day. (㉣) I hope the chicks grow up healthy.

59

다음 문장이 들어갈 곳으로 가장 알맞은 것을 고르십시오. 2점 (2 points)

Choose the most appropriate place to insert the following sentence.

> 어느새 둥지를 다 짓고 알도 낳았습니다.
>
> Before we knew it, they had finished the nest and laid eggs.

① ㉠   ② ㉡   ③ ㉢   ④ ㉣

◆ The sentence saying the nest was completed and eggs were laid should come between the content about building the nest and the content about the chicks being born.

60

윗글의 내용과 같은 것을 고르십시오. 3점 (3 points)

Choose the statement that matches the passage.

① 한 달 전 새끼 제비가 태어났습니다.   → The chicks were born a few days ago.
The chicks were born a month ago.

② 우리 집에 제비가 둥지를 지었습니다.
Swallows built a nest at our house.

③ 새끼 제비들이 어서 떠나면 좋겠습니다.   → He/she hopes the chicks grow up healthy.
I hope the chicks leave soon.

④ 저는 제비가 둥지 짓는 것을 도와줬습니다.   → This information cannot be determined from the given text.
I helped the swallows build their nest.

Read the following and answer the questions.

> 요즘 실내 암벽 등반이 인기가 많아서 저도 해 보았습니다. 다른 사람이 할 때는 쉬워 보였는데 직접 해 보니까 정말 어려웠습니다. 그리고 실내인데도 암벽 위에 올라가니까 높아서 좀 무서웠습니다. 이번 주말에는 처음으로 야외 암벽 등반을 (㉠). 진짜 암벽을 오르면 더 무서울 것 같습니다. 그래도 실내보다 더 재미있을 겁니다.
>
> Indoor rock climbing is popular these days, so I tried it too. It looked easy when others did it, but doing it myself was really hard. And even indoors, I was a bit scared of the height as I climbed up the wall. This weekend, I (㉠) outdoor rock climbing for the first time. Climbing real rock will probably be scarier, but it should be more fun than indoors.

61 ㉠에 들어갈 말로 가장 알맞은 것을 고르십시오.

Choose the most appropriate word to fill in the blank ㉠.

- ✔ ① 하려고 합니다
  plan to try
- ② 하지 못합니다
  cannot try
- ③ 하고 있습니다
  am trying
- ④ 할 수 없습니다
  cannot try

정답 (Correct Answer)

① -(으)려고 하다 indicates a plan. Since the following content speculates about how it will feel to climb a real rock, it is natural for the preceding content to state the plan to go outdoor rock climbing. Therefore, "하려고 합니다 (= I plan to try (it))" is appropriate.

오답 (Incorrect Answer)

② -지 못하다:
An expression used to negate an action or state.

③ -고 있다:
An expression used when an action is in progress.

④ -(으)ㄹ 수 없다:
An expression that indicates inability or impossibility.

62 윗글의 내용과 같은 것을 고르십시오.

Choose the statement that matches the passage.

① 실내 암벽 등반의 인기가 줄고 있습니다. → Indoor rock climbing is popular these days.
The popularity of indoor climbing is decreasing.

❷ 실내 암벽 등반은 생각보다 어려웠습니다.
Indoor climbing was harder than expected.

③ 실내 암벽 등반이 야외보다 더 재미있습니다. → He/she hasn't tried outdoor rock climbing yet, but he/she said it will be more fun than climbing indoors.
Indoor climbing is more fun than outdoor climbing.

④ 저는 야외에서 암벽 등반을 한 적이 있습니다. → He/she hasn't tried outdoor rock climbing yet.
I have tried outdoor climbing before.

63~64 다음을 읽고 물음에 답하십시오.

Read the following and answer the questions.

인주시 어린이 도서관 Inju City Children's Library

인주시 어린이 도서관이 오는 7월에 문을 엽니다. 인주시 어린이 도서관은 7월 한 달 동안 토요일마다 특별한 행사를 합니다. 광장에서 다 함께 책 읽기, 그림 그리기 등의 행사가 준비되어 있습니다. 그리고 참가한 모든 어린이들은 선물도 받을 수 있습니다.

The Inju City Children's Library will open this coming July. Every Saturday throughout July, the library will hold special events. There will be activities such as group reading and drawing in the plaza. All participating children wil also receive gifts.

* **행사 날짜:** 7월 매주 토요일
* Event dates: Every Saturday in July

* **장소:** 어린이 도서관 1층 및 야외 광장
* Location: The Children's Library 1st Floor and the Outdoor Plaza

* **참가비:** 무료
* Participation fee: Free

63 왜 윗글을 썼는지 맞는 것을 고르십시오. 2점 (2 points)
Choose the correct reason for writing the text above.

① 행사 장소를 바꾸려고
To change the event location

② 어린이 책을 추천하려고
To recommend children's books

❸ 도서관 행사를 소개하려고
To introduce the library events

④ 도서관이 문 여는 날을 알리려고
To announce the library's opening day

◆ It introduces the events held by Inju City Children's Library in July.

64 윗글의 내용과 같은 것을 고르십시오. 3점 (3 points)
Choose the statement that matches the passage.

① 행사는 일요일에 진행합니다.　→ The event is held every Saturday in July.
The events are held on Sundays.

❷ 행사에 참가하면 선물을 받습니다.
Participants receive gifts.

③ 도서관 행사는 참가비가 있습니다.　→ Participation is free.
There is a participation fee.

④ 도서관은 최근에 문을 열었습니다.　→ The text says the library will open this coming July.
The library opened recently.

● **65~66** 다음을 읽고 물음에 답하십시오.
Read the following and answer the questions.

> 얼음을 갈아서 팥과 함께 먹는 팥빙수는 여름철 인기 간식입니다. 하지만 옛날에는 왕실에서만 얼음이 들어간 간식을 먹었습니다. (㉠) 어려웠기 때문입니다. 왕들은 잘 보관한 얼음을 갈아서 과일과 먹거나 물에 넣어서 시원하게 마셨습니다. 그리고 시간이 많이 흘러 지금처럼 팥이나 떡이 들어간 빙수가 생겼습니다.
>
> Patbingsu, shaved ice eaten with sweet red beans, is a popular summer snack. However, in the past only the royal court ate desserts with ice, because (㉠) was difficult. Kings shaved well-stored ice to eat with fruit or put it in water to drink it cold. Much later, bingsu like we have today, with red beans or rice cake, appeared.

65 **㉠에 들어갈 말로 가장 알맞은 것을 고르십시오.** [2점 (2 points)]
Choose the most appropriate word to fill in the blank ㉠.

① 물을 찾기가
finding water

② 팥을 먹기가
eating red beans

③ 떡을 만들기가
making rice cake

④ 얼음을 보관하기가
storing ice

◆ From the sentence after ㉠ that says they shaved and ate the well-stored ice, we can infer that the reason only the royal court ate desserts with ice is that storing ice was difficult.

66 **윗글의 내용과 같은 것을 고르십시오.** [3점 (3 points)]
Choose the statement that matches the passage.

① 팥빙수는 여름에 많이 먹습니다.
Patbingsu is often eaten in summer.

② 옛날에는 얼음을 갈지 못했습니다.   → In the past, the royal court was able to shave ice.
In the past, people could not shave ice.

③ 옛날에는 누구나 얼음을 먹을 수 있었습니다.   → Only the royal court ate ice.
In the past, anyone could eat ice.

④ 왕실에서는 팥과 떡을 얼음과 같이 먹었습니다.   → Shaved ice with red beans and rice cakes came much later.
In the royal court, they ate ice together with red beans and rice cake.

67~68 **다음을 읽고 물음에 답하십시오.** [각 3점 (3 points each)]
Read the following and answer the questions.

요즘 편의점에서는 유명 캐릭터 회사와 함께 만든 제품을 자주 볼 수 있습니다. 귀여운 캐릭터가 그려진 과자나 음료를 팔기도 하고, 초콜릿을 사면 캐릭터 스티커를 주기도 합니다. 이런 캐릭터 제품은 개수가 정해진 경우가 많아서 빨리 사야 할 때도 있습니다. (㉠   ) 일부러 편의점에 가는 사람들도 있습니다. 편의점은 이제 단순히 생활에 필요한 물건만 파는 곳이 아닙니다.

These days, you can often see products made in collaboration with famous character companies at convenience stores. They sell snacks or drinks with cute characters, and sometimes give character stickers when you buy chocolate. Such character products are often limited in quantity, so sometimes you have to buy them quickly. Some people go to convenience stores on purpose (㉠   ). Convenience stores are no longer places that simply sell daily necessities.

67 ⊙에 들어갈 말로 가장 알맞은 것을 고르십시오.
Choose the most appropriate word to fill in the blank ⊙.

① 싼 제품을 찾기 위해
to look for cheap products

② 음료수를 마시기 위해
to drink beverages

③ 가까운 곳에 가기 위해
to go to a nearby place

④ 이런 물건을 사기 위해
to buy these kinds of items

◆ Since the text is about products made in collaboration with popular character companies being sold at convenience stores, it makes sense that some people go to convenience stores "to buy these items."

68 윗글의 내용과 같은 것을 고르십시오.
Choose the statement that matches the passage.

① 캐릭터 스티커는 인기가 없습니다. → This information cannot be determined from the given text.
Character stickers are not popular.

② 편의점에서는 과자와 음료수만 팝니다. → Convenience stores sell more than just daily necessities.
Convenience stores sell only snacks and drinks.

③ 캐릭터 제품은 개수가 정해진 경우가 많습니다.
Character products are often limited in quantity.

④ 음료수를 사야 캐릭터 제품을 받을 수 있습니다. ⟶ You can also receive a character item when you buy chocolate.
You must buy drinks to receive character products.

● **69~70** 다음을 읽고 물음에 답하십시오. 각 3점 (3 points each)
Read the following and answer the questions.

> 저는 아침에 일어나서 찬물로 샤워를 합니다. 찬물 샤워가 건강에 좋다고 들었기 때문입니다. 처음에는 물이 너무 차가워서 정말 힘들었습니다. 하루는 너무 추워서 소리를 지른 적도 있습니다. 하지만 찬물 샤워가 (⊙   ) 참고 계속했습니다. 일주일 동안 계속하니까 몸이 차가운 물에 점점 익숙해져서 이제는 찬물 샤워를 매일 하고 있습니다. 찬물로 샤워를 하면 잠도 빨리 깨고 몸도 가벼워지는 것 같습니다. 친구들은 저를 보고 정말 대단하다고 합니다.
>
> I take a cold shower in the morning after waking up, because I heard cold showers are good for health. At first the water was so cold it was really tough. One day it was so cold I even screamed. However, I endured and kept taking cold showers (⊙   ). After a week, my body got used to the cold water, and now I take a cold shower every day. When I take a cold shower, I wake up faster and feel lighter. My friends say I'm amazing.

69 <u>㉠</u>에 들어갈 말로 가장 알맞은 것을 고르십시오.

Choose the most appropriate word to fill in the blank ㉠.

① 추워서
because it's cold

② 재미있어서
because it's fun

❸ 건강에 좋아서
because it's good for health

④ 기분이 좋아서
because it feels good

◆ Since the text says cold showers are good for health, it makes sense that he/she endured and continued for that reason.

70 윗글의 내용으로 <u>알 수 있는 것</u>을 고르십시오.

Choose what can be inferred from the content of the above text.

❶ 저는 아침마다 찬물로 샤워를 합니다.
I take a cold shower every morning.

② 저는 찬물 샤워를 ~~처음부터 좋아했습니다~~.　→ At first, he/she found cold showers difficult.
I liked cold showers from the beginning.

③ ~~친구들도 함께 찬물 샤워를 시작했습니다.~~ ⟶ This information cannot be determined from the given text.
My friends also started taking cold showers.

④ 찬물 샤워를 하고 난 후로 잠이 ~~늦게~~ 깹니다.　→ After taking cold showers, he/she wakes up faster.
After taking a cold shower, I wake up late.

TOPIK I
The Final Step

토픽1 **시험 전 마지막 연습**

초판발행 · 1st edition published　　2026. 03. 03.

프로젝트 매니징 · Project Managed by　　석다혜 Dahye Seok

집필 · Written by　　Talk To Me In Korean 연구진 (선경화 Kyung-hwa Sun, 김지나 Jina Kim, 석다혜 Dahye Seok)

교정 및 교열 · Proofread by　　백지연 Jiyeon Paek, 김지혜 Jihye Kim

번역 감수 · Translation Reviewed by　　백지연 Jiyeon Paek, 김지혜 Jihye Kim

디자인 · Designed by　　이지완 Jiwan Lee, 양은주 Eunju Yang

디자인 총괄 · Design Directed by　　선윤아 Yoona Sun

일러스트레이션 · Illustrations by　　정민영 Minyeong Jeong

녹음 · Voice Recordings by　　김병용 Byeong-yong Kim, 예목 Yemok

오디오 제작 · Audio Production by　　문준배 Joonbae Moon, 김우현 Woohyun Kim

펴낸곳 · Published by　　롱테일북스 Longtail Books

펴낸이 · Publisher　　이수영 Suyoung Lee

편집 · Copy-edited by　　백지연 Jiyeon Paek

주소 · Address　　04033 서울특별시 마포구 양화로 113, 3층(서교동, 순흥빌딩)
3rd Floor, 113 Yanghwa-ro, Mapo-gu, Seoul, Republic of Korea

이메일 · E-mail　　editor@ltinc.net

ISBN　　979-11-93992-81-4

권장 가격 · Suggested Retail Price　　USD 30

Published in the Republic of Korea for international distribution.

Retail prices may vary by territory due to local currency and exchange rates, customs duties and taxes, logistics costs, and other factors.

Defective copies may be exchanged at the place of purchase or directly from the publisher.

국제 유통을 위해 대한민국에서 발행되었습니다.

소비자 가격은 판매 지역, 통화 및 환율, 관세와 세금, 물류 비용 등 제반 사정에 따라 다를 수 있습니다.

파본 도서는 구입처나 출판사에서 교환하실 수 있습니다.

If you are interested in distributing this title in your territory, please contact: globalteam@ltinc.net

본 도서의 국가/지역별 유통 문의: globalteam@ltinc.net

TTMIK - TALK TO ME IN KOREAN

My First 500 Korean Words Book 1

이야기로 배우는 한국어 500 단어 1

Master 500 essential Korean words in just 50 days using engaging stories. The perfect vocabulary builder for beginners wanting to use Korean confidently in everyday situations.

What's Inside:

* 500 carefully selected words for beginners
* Story-based learning that helps words stick
* Thousands of related words and phrases
* Dual review exercises built for maximum retention
* Free MP3 audio files with native pronunciation

TOPIK I
The Final Step

한국어능력시험

For Prep and Review

Vocabulary and Grammar Drills

토픽 1

시험 전
마지막 연습

TALK TO ME IN KOREAN

Test 1 - Listening

Question Number	Vocabulary	Meaning
	지금	
	바쁘다	
	안	
2	빵	
	좋아하다	
3	누구	
	책	
	제	
4	약국	
	어디	
	저기	
5	고맙다	
	아니다	
6	잘	
	먹다	
	맛있다	
	드시다	
7	공책	
	펜	
	사다	
	문구점	
8	비행기표	
	여권	
	보이다	
	공항	
9	아직	
	퇴근	
	회의	
	준비	
	회사	

Question Number	Vocabulary	Meaning
10	오다	
	가족사진	
	찍다	
11	춥다	
	따뜻하다	
	날씨	
12	노래	
	좋아하다	
	가수	
	음악	
13	새집	
	크다	
	좋다	
	지하철역	
	멀다	
	이사	
14	모자	
	사다	
	그것	
	저	
	더	
	예쁘다	
15	실례하다	
	여기	
	제	
	자리	
	어머	
	죄송하다	
16	냉장고	
	크다	
	음식	
	많이	

TOPIK
The Final Ste[st]

토픽 1 시험 전 마지막 연습

어휘와 문법 연습강

Vocabulary
and **Grammar Drills**

	넣다	
	부엌	
	작다	
	너무	
17	잠깐	
	쉬다	
	등산	
18	옷	
	옷장	
	옷걸이	
	먼저	
	정리하다	
	좋다	
19	영화	
	늦다	
	택시	
	타다	
	좋다	
20	식당	
	예약하다	
	바꾸다	
	저희	
	여섯	
	시	
	문	
	열다	
21	강아지	
	산책하다	
	우리	
	집	
	고양이	
	같이	
	키우다	
22	선물	
	주다	
	받다	
	물어보다	
23	기타	
	배우다	
	손가락	
	아프다	
	쉬다	
	참다	
	연습하다	
24	한국어	
	메뉴	
	있다	
	여기	
	한국	
25-26	이번	
	주	
	금요일	
	사무실	
	자리	
	바꾸다	
	날	
	이동	
	오전	
	창문	
	열다	
	계획	
	설명하다	
27-28	빨래	
	서비스	
	이용하다	
	편리하다	
	옷	
	가져가다	
	비싸다	
	시간	
	아끼다	
	깨끗하다	
	되다	
	가격	

Question Number	Vocabulary	Meaning
	고민	
	처음	
	할인받다	
	고민하다	
29-30	기사	
	님	
	이야기	
	만들다	
	영화	
	인기	
	많다	
	택배	
	만나다	
	분	
	고맙다	
	마음	
	전하다	
	라디오 프로그램	
	보내다	
	트럭	
	무료	
	빌려주다	

📖 Test 1 - Reading

Question Number	Vocabulary	Meaning
31	우유	
	마시다	
	주스	
	음료	
32	저	
	한국	
	오다	
	친구	
	영국	
	나라	
33	요즘	
	낚시	
	많이	
	하다	
	재미있다	
	취미	
34	동생	
	춤	
	추다	
	노래	
	부르다	
35	보다	
	지금	
	열	
	시	
	시계	
36	양말	
	발	
	따뜻하다	
	신다	
37	가방	
	책	
	많다	
	가방	
	무겁다	
38	학교	
	가다	
	주말	
	안	
	매일	
39	오늘	
	피곤하다	
	내일	
	운동하다	
40	식당	
	아르바이트	
	구하다	
	위치	

	앞
	시간
	주말
	오후
	직원
	아침
	일하다
	가깝다
41	할인
	중
	작다
	가볍다
	시원하다
	색깔
	많다
	크기
42	우산
	집
	가지고 오다
	제
	비슷하다
	월요일
	학교
	돌려주다
	만나다
	문자 메시지
	보내다
43	안경
	잃어버리다
	오늘
	쓰다
	학교
	가다
	책
	읽다
	어렵다
44	지하철

	버스
	많이
	타다
	느리다
	창문
	밖
	보다
	자동차
	사람
	구경하다
	재미있다
45	봄
	꽃
	보다
	좋아하다
	제일
	기다리다
46	아이
	한
	살
	아내
	여행을 가다
	크다
47	보통
	도서관
	공부하다
	카페
	가다
	좀
	시끄럽다
	이야기
	재미있다
	못
	어렵다
48	자다
	항상
	휴대폰

	보다	
	피곤하다	
	눈	
	아프다	
	이제	
	밤	
49-50	게임	
	개발자	
	만들다	
	일	
	재미있다	
	돈을 벌다	
	과일	
	키우다	
	더	
	마당	
	사과	
	시장	
	팔다	
	그런데	
51-52	처음	
	감자	
	축제	
	열다	
	모두	
	동안	
	캐다	
	집	
	상	
	드리다	
	다양하다	
	요리	
	준비되다	
	가져가다	
	내용	
	소개	
53-54	다음 주	

	회사	
	식당	
	생기다	
	그동안	
	매일	
	점심시간	
	먹다	
	음식	
	고르다	
	힘들다	
	메뉴	
	걱정하다	
55-56	숲길	
	옛날	
	기찻길	
	공원	
	다니다	
57	시간	
	할인을 하다	
	많이	
	오늘	
	딸기	
	오이	
	아주	
	싸다	
	사다	
	저	
	주로	
	저녁	
	지나다	
	마트	
	가다	
	사람들	
	보통	
	전	
58	가위	
	칼	

	버리다
	조심히
	먼저
	종이
	여러
	번
	싸다
	쓰레기
	가져가다
	분
	다치다
	그
	다음
	테이프
	붙이다
	일반
59-60	집
	있다
	좋아하다
	예쁘다
	꾸미다
	관심
	예를 들어
	여름
	바다
	사진
	걸다
	파란색
	쿠션
	두다
	계절
	바뀌다
	장식품
	바꾸다
	특히
61-62	처음
	요가

	시작하다
	친구
	덕분
	일
	스트레스를 받다
	추천하다
	지루하다
	수업
	따라가다
	전혀
	마음
	건강해지다
63-64	편리하다
	노트북
	가방
	주문하다
	어제
	받다
	초록색
	회색
	교환
	신청
	계속
	보다
	쓰다
	배송
	중
	아니다
	취소하다
65-66	김밥
	들어가다
	김
	아이
	어른
	모두
	좋아하다
	음식

	재료		읽다	
	짠맛			
	나다			
	자주			
	먹다			
	굽다			
67-68	여름			
	되다			
	모기			
	많아지다			
	물리다			
	아프다			
	가렵다			
	없애다			
	중요하다			
	차갑다			
	물			
	뿌리다			
	좋다			
	얼음			
	약			
	바르다			
	곳			
69-70	아주			
	어리다			
	나무			
	좋아하다			
	께서			
	책			
	사다			
	이름			
	특징			
	지금			
	이렇게			
	의사			
	되다			
	알다			

The following are the grammar points used in Test 1.
Key grammar points appear multiple times for repeated practice.
Create your own example sentences to prep or review each grammar point.

Test 1 - Listening

Question Number	Grammar	Example Sentence
2	을/를	
3	의	
4	에	
6	-겠-	
	-게	
	-(으)세요	
7	(이)랑	
	-(으)려고요	
8	-아/어/여 주다	
9	-고 있다	
10	-(으)러	
14	-(으)ㄹ까요?	
	보다	
16	-(으)ㄹ 수 있다	
	-겠-	
	-(으)ㄹ 것 같다	
17	-아/어/여도 되다	
18	-는 것	
	-겠-	
19	-(으)ㄹ까요?	
	-기로 하다	
20	에	
21	(이)랑	
	-고 싶다	
	-고 있다	
22	-기 전에	
	-(으)ㄴ 것 같다	
23	-(으)면	
24	-(으)니까	
	-(으)면 좋겠다	

Question Number	Grammar	Example Sentence
25-26	-는	
	-기 전에	
	-아/어/여 주다	
	-(으)십시오	
27-28	-아/어/여 주다	
	-는데	
	-(으)니까	
	-게	
	-아/어/여 보다	
	때문에	
29-30	-(으)면서	
	-고 싶다	
	-아/어/여서	

Test 1 - Reading

Question Number	Grammar	Example Sentence
31	도	
32	에서	
39	-(으)ㄹ 겁니다	
	부터	
40	부터	
42	-(으)ㄹ게요	
43	-기	
44	-(으)ㄹ 수 있다	
	-는 것	
45	-아/어/여서	
46	-(으)면	
	-고 싶다	
47	-았/었/였-	
	-아/어/여서	

The following are the vocabulary words used in Test 2.
Key vocabulary words appear multiple times for repeated practice.
Use this section as a prep or review resource by filling in the meanings yourself.

Test 2 - Listening

Question Number	Vocabulary	Meaning
1	식당	
	일하다	
	요리사	
2	내일	
	뭐	
	하다	
	집	
	쉬다	
3	배고프다	
	배	
	안	
	고프다	
4	집	
	언제	
	가다	
	지금	
5	늦다	
	미안하다	
	괜찮다	
6	이거	
	좀	
	돕다	
	잠시	
7	숙제	
	주다	
	선생님	
	여기	
	있다	
	교실	
8	사장님	
	떡볶이	
	많이	
	맵다	
	별로	
	안	
	식당	
9	열	
	나다	
	언제	
	아침	
	목	
	아프다	
	병원	
10	소파	
	편하다	
	사다	
	가구점	
11	일요일	
	바쁘다	
	만나다	
	약속	
12	공항	
	어떻게	
	가다	
	버스	
	타다	
	교통	
13	사람	
	만나다	
	좋아하다	
	집	
	혼자	

	성격			줍다	
14	생일			봉사	
	축하하다			같이	
	받다		21	혹시	
	선물			아이스크림	
15	바지			땅콩	
	좀			들어가다	
	길다			알레르기	
	자르다			아몬드	
	짧다		22	여행	
16	여기			여행사	
	조용하다			혼자	
	커피			힘들다	
	맛있다			통하다	
	인기			가다	
	많다		23	회의	
	비			앞으로	
	오다			짧다	
	사람			중요하다	
	적다			이야기	
17	마트			줄이다	
	다녀오다		24	컵	
	필요하다			씻다	
	고추			하나	
	사다			생기다	
18	수건			설거지하다	
	더			여러	
	필요하다			모으다	
19	기다리다			물	
	그냥			아끼다	
	다른		25-26	지하	
	식당			주차장	
	가다			공사	
20	바다			차	
	가다			옮기다	
	바닷가			주차	
	쓰레기			이동	

Question Number	Vocabulary	Meaning
	부탁하다	
	진행되다	
27-28	간식	
	정리하다	
	과자	
	남다	
	주문하다	
	조사하다	
	사용하다	
	문서	
	만들다	
	방법	
29-30	성우	
	꿈꾸다	
	애니메이션	
	캐릭터	
	연기	
	따라 하다	
	칭찬	
	자연스럽다	
	꿈	
	생기다	
	포기하다	
	실제	

📖 Test 2 - Reading

Question Number	Vocabulary	Meaning
31	일요일	
	집	
	쉬다	
	휴일	
32	달리기	
	농구	
	운동	
33	초콜릿	
	먹다	
	과자	
	간식	
34	머리	
	짧다	
	길다	
35	가다	
	비행기	
	타다	
	공항	
36	김치	
	있다	
	김치찌개	
	만들다	
37	일	
	많다	
	늦게	
	집	
	가다	
38	친구	
	졸업식	
	꽃	
	주다	
39	수업	
	시간	
	늦다	
	택시	
	타다	
40	백화점	
	여름	
	할인	
	모든	
	제품	
41	무료	
	발레	
	수업	
	목요일	
	오후	

	장소
	체육관
	매주
42	이번 주
	주말
	한강
	가다
	여행
	다음 주
	괜찮다
	좋다
	토요일
	보다
	만나다
43	우리
	집
	근처
	헬스장
	가격
	비싸다
	할인
	행사
	등록하다
44	지난주
	학교
	빵
	만들다
	수업
	친구
	같이
	가다
	제
	맛있다
45	어리다
	축구
	좋아하다
	지금

	주말
	아침
	스트레스가 풀리다
46	회사
	친구
	주말
	동안
	바다
	놀다
	수영
	낚시
	여행을 가다
47	중요하다
	자주
	잊어버리다
	이제
	매일
	메모
	습관
	고치다
48	이사
	집
	보다
	모두
	작다
	내일
	더
	마음에 들다
49-50	걷다
	영화
	촬영하다
	좋아하다
	배우
	인사를 하다
	웃다
51-52	무인
	아이스크림

	가게	
	직원	
	없다	
	손님	
	직접	
	계산하다	
	먼저	
	고르다	
	계산대	
	결제하다	
	이용하다	
	그리고	
	방법	
53-54	카페	
	음료	
	가격	
	싸다	
	직원	
	친절하다	
	손님	
	밝다	
	인사하다	
	주문하다	
	기억하다	
	편하다	
55-56	야외	
	수영장	
	저렴하다	
	가격	
	이용하다	
	어린이	
	물놀이터	
	운영되다	
	아이들	
	함께	
57	인사를 하다	
	고민하다	

	다음	
	먼저	
	이웃	
	그때	
	사람	
	아파트	
	엘리베이터	
	타다	
	어떤	
58	나무	
	쓰러지다	
	길	
	없어지다	
	비	
	내리다	
	땅	
	약해지다	
	오다	
	산	
	조심하다	
59-60	회사	
	창고	
	정리하다	
	쓰다	
	물건	
	동료	
	버리다	
	쉽다	
	찾다	
	사용하다	
	상자	
61-62	휴대폰	
	보다	
	걷다	
	돌	
	걸리다	
	넘어지다	

	무릎	
	다치다	
	피가 나다	
	아프다	
	눈물이 나다	
	지나가다	
	아주머니	
	휴지	
	약국	
	약	
	반창고	
63-64	눈사람	
	만들다	
	대회	
	이상	
	이하	
	팀	
	참가하다	
	시민	
	여러분	
	관심	
	부탁드리다	
	일시	
	장소	
	공원	
	참가비	
	모양	
	빵	
	인형	
	드리다	
65-66	당근	
	색	
	예쁘다	
	맛	
	좋다	
	채소	
	비타민	

	눈	
	건강	
	피부	
	영양소	
	줄어들다	
	살짝	
	익히다	
	생	
	주스	
	마시다	
67-68	사무실	
	높이	
	조절	
	책상	
	많아지다	
	서다	
	일하다	
	공부하다	
	만들다	
	사용하다	
	시간	
	줄어들다	
	건강	
	도움이 되다	
	허리	
	목	
	졸리다	
	사용하다	
	건강	
	생각하다	
	늘다	
	앉다	
69-70	약속	
	핸드폰	
	갑자기	
	고장 나다	
	화면	

꺼지다	
아무것	
보다	
전화	
배터리	
충전기	
꽂다	
가깝다	
가게	
직원	
고치다	
늦다	
다행히	
이해하다	
켜지다	

The following are the grammar points used in Test 2.
Key grammar points appear multiple times for repeated practice.
Create your own example sentences to prep or review each grammar point.

Test 2 - Listening

Question Number	Grammar	Example Sentence
1	에서	
4	에	
5	-아/어/여서	
6	만	
9	-네요	
	부터	
10	-(으)ㄹ까요?	
11	-(으)ㄹ까요?	
14	-(으)세요	
15	만큼	
	-아/어/여 주다	
	-(으)ㄹ 수 있다	
	-(으)ㄹ 거예요	
16	-네요	
	-(으)ㄴ 것 같다	
17	-(으)ㄹ 수 있다	
	-아/어/여 주다	
	-기 전에	
18	-(으)ㄹ 수 있다	
19	-(으)ㄹ래요?	
20	-(으)ㄹ래요?	
	-(으)러	
21	-아/어/여서	
22	-아/어/여서	
23	-(으)면	
	-(으)ㄴ 것 같다	
24	-(으)니까	
	-(으)면	
	-(으)ㄹ 수 있다	
25-26	(으)로	

Test 2 - Reading

Question Number	Grammar	Example Sentence
	-아/어/여 주다	
27-28	-고 있다	
	-게	
	-(으)ㄹ 때	
	-아/어/여 보다	
29-30	-는데	
	-아/어/여 주다	
	-거든요	
31	에서	
32	도	
33	도	
35	에	
38	에게	
41	마다	
42	에	
43	의	
44	에서	
	-기	
45	-(으)면	
46	과	
	-(으)러 가다	
47	-기로 하다	
	-고 싶다	
48	-지만	
	-(으)ㄹ 겁니다	
	-는	
49-50	-다가	
	-아/어/여 주다	

	-(으)려고
	-(으)면서
	-지만
	-(으)ㄹ수록
51-52	-(으)면 되다
	-아/어/여서
53-54	-아/어/여 주다
	-다가
	-(으)려고
	-(으)면서
	-아/어/여서
55-56	-을/를 위한
	-기
	까지
	-(으)며
57	-(으)ㄹ까 말까
	-아/어/여야겠다
	-는데
58	-(으)면
	-(으)ㄴ 후에
	-아/어/여야 하다
59-60	-는
	-게
	-(으)ㄹ 수 있다
	-(으)ㄹ
61-62	께서
	-아/어/여 주다
	-아/어/여야 하다
	-지 않다
	-(으)ㄹ 것 같다
	-(으)ㄹ 수 없다
63-64	(으)로
	만
	-(으)ㄹ 수 있다
	-게 하다
65-66	에
	-거나

	-(으)면
67-68	-거나
	-(으)ㄹ 수 있다
	-(으)면
	에
	-아/어/여 있다
69-70	-아/어여서
	-(으)ㄴ 줄 알다
	-지만
	-아/어/여 주다
	-느라(고)
	-아/어/여 주다
	-(으)러 가다

The following are the vocabulary words used in Test 3.
Key vocabulary words appear multiple times for repeated practice.
Use this section as a prep or review resource by filling in the meanings yourself.

Test 3 - Listening

Question Number	Vocabulary	Meaning
1	밥	
	먹다	
2	영화	
	보다	
	못	
3	몇	
	시	
	세	
	반	
4	어떻게	
	가다	
	지하철	
5	내일	
	보다	
	잘	
	가다	
6	새해	
	복	
	많이	
	받다	
	고맙다	
7	기사	
	님	
	여기	
	내리다	
	택시	
8	케이크	
	빵	
	사다	
	빵집	
9	그림	
	사진	
	찍다	
	죄송하다	
	미술관	
10	옷	
	찾다	
	그냥	
	구경하다	
	백화점	
11	저녁	
	뭐	
	먹다	
	파전	
	메뉴	
12	얼마	
	원	
	가격	
13	축구	
	수영하다	
	운동	
14	감기	
	걸리다	
	조심하다	
	건강	
15	우리	
	지금	
	여기	
	있다	
	이쪽	
	가다	
	화장실	

Question Number	Vocabulary	Meaning
	두다	
	직접	
	가져가다	
	서비스	
	있다	
	편하다	
	이용하다	
29-30	머리	
	짧다	
	자르다	
	작품	
	다음	
	운동	
	선수	
	역할	
	맡다	
	장면	
	나오다	
	그래서	
	팬	
	반응	
	분	
	색다르다	
	모습	
	좋아하다	

📖 **Test 3 - Reading**

Question Number	Vocabulary	Meaning
31	집	
	근처	
	편의점	
	있다	
	가깝다	
	위치	
32	태어나다	
	자라다	
33	고향	
	동생	
	생일	
	저녁	
	파티	
	계획	
34	봄	
	되다	
	날씨	
	따뜻하다	
35	꺼내다	
	공부를 하다	
	필통	
36	집	
	손님	
	방	
	청소하다	
37	테니스	
	재미있다	
	치다	
38	등산	
	좋아하다	
	산	
	자주	
	가다	
39	점심	
	먹다	
	배가 고프다	
	못	
40	운동화	
	팔다	
	한 번	
	신다	
	깨끗하다	
	많이	
41	햇빛	
	곳	

	두다	
	물	
	일주일	
	한 번	
	주다	
	바람	
	불다	
42	어제	
	발표	
	도와주다	
	고맙다	
	덕분	
	끝내다	
	선물	
	하나	
	책상	
	두다	
	휴가	
	다녀오다	
43	오늘	
	새	
	신발	
	신다	
	눈	
	오다	
	더러워지다	
44	설거지를 하다	
	어머니	
	좋아하다	
	컵	
	깨다	
	화를 내다	
45	제	
	친구	
	다음 달	
	회사	
	그만두다	

	파티	
	준비하다	
46	제	
	친구	
	결혼하다	
	정말	
	기쁘다	
	선물	
	기분이 좋다	
47	오래되다	
	카메라	
	켜지다	
	사진을 찍다	
	고장 나다	
48	달리기	
	마라톤	
	대회	
	나가다	
	매일	
	열심히	
	연습하다	
	준비하다	
49-50	주말	
	친구	
	일하다	
	카페	
	손님	
	일	
	도와주다	
	하루	
	종일	
	커피	
	만들다	
	테이블	
	정리하다	
	끝나다	
	피곤하다	

번호	단어	
51-52	학생	
	쉬다	
	휴게	
	공간	
	그곳	
	친구	
	놀다	
	공부하다	
	요리를 하다	
	음식	
	시키다	
	먹다	
	서로	
	배려하다	
	그렇지만	
	일	
53-54	지금	
	가족	
	함께	
	여행	
	집	
	에어컨	
	끄다	
	기억이 나다	
	어머니	
	아버지	
	동생	
55-56	이번 달	
	생기다	
	실내	
	식물원	
	인기	
	축구장	
	약	
	크다	
	어렵다	
	꽃	

번호	단어	
	나무	
	호수	
	가족	
	친구	
	연인	
	함께	
	평일	
	적다	
	편하다	
	주말	
	줄을 서다	
	입장권	
	인터넷	
	식물원	
	구경하다	
57	아직	
	부족하다	
	더	
	열심히	
	연습하다	
	동영상	
	하루	
	결과	
	이제	
	쉽다	
	곡	
	연주하다	
	최근	
	기타	
	생기다	
	우쿨렐레	
	배우다	
58	털	
	뭉치다	
	쉽다	
	정리되다	
	청소기	

	유용하다	
	방법	
	이럴 때	
	고무장갑	
	끼다	
	문지르다	
	고양이	
	옷	
	소파	
	묻다	
59-60	우리	
	집	
	현관	
	제비	
	날아오다	
	둥지	
	짓다	
	며칠	
	전	
	드디어	
	새끼	
	소리	
	들리다	
	어느새	
	알	
	낳다	
61-62	실내	
	암벽	
	등반	
	인기가 많다	
	직접	
	어렵다	
	무섭다	
	이번 주말	
	처음	
	야외	
	진짜	

	재미있다	
63-64	어린이	
	도서관	
	오다	
	문을 열다	
	동안	
	토요일	
	행사	
	광장	
	책	
	읽다	
	그림	
	그리다	
	등	
	준비되다	
	참가하다	
	선물	
	받다	
	날짜	
	매주	
	장소	
	야외	
	참가비	
	무료	
	소개하다	
65-66	얼음	
	갈다	
	팥	
	팥빙수	
	여름철	
	인기	
	간식	
	옛날	
	왕실	
	들어가다	
	먹다	
	왕	

	잘	
	보관하다	
	시간이 흐르다	
67-68	요즘	
	편의점	
	유명	
	캐릭터	
	회사	
	제품	
	과자	
	음료	
	초콜릿	
	스티커	
	개수	
	정해지다	
	경우	
	일부러	
	단순히	
	생활	
	필요하다	
	물건	
	팔다	
	곳	
69-70	아침	
	일어나다	
	찬물	
	샤워를 하다	
	건강에 좋다	
	듣다	
	차갑다	
	힘들다	
	춥다	
	소리를 지르다	
	참다	
	계속하다	
	익숙해지다	
	잠이 깨다	

	몸	
	가볍다	
	대단하다	

The following are the grammar points used in Test 3.
Key grammar points appear multiple times for repeated practice.
Create your own example sentences to prep or review each grammar point.

Test 3 - Listening

Question Number	Grammar	Example Sentence
1	-았/었/였-	
2	-았/었/였-	
4	(으)로	
6	-(으)세요	
7	-아/어/여 주다	
8	-(으)ㄹ까요?	
9	-(으)시-	
	-(으)면 안 되다	
10	-(으)려고	
11	-(으)ㄹ까요?	
15	(으)로	
	-(으)면	
	-겠-	
16	보다	
	-아/어/여지다	
	-(으)ㄴ 것 같다	
17	-아/어/여서	
18	-아/어/여 주다	
20	-아/어/여 주다	
	-아/어/여서	
21	-고 있다	
22	-아/어/여 있다	
23	-(으)ㄴ데	
24	밖에	
	까지	
	-는 편이다	
27-28	-겠-	
	-아/어/여 보다	
	-고 싶다	
29-30	-게	

Test 3 - Reading

	-게 되다	
	-는 것 같다	

Question Number	Grammar	Example Sentence
31	에	
32	에서	
33	에	
38	을/를	
41	에	
43	-아/어/여서	
44	-(으)시 -	
45	을/를 위해	
46	-아/어/여서	
47	-지 않다	
	-(으)ㄹ 수 없다	
48	-기로 하다	
	-고 있다	
49-50	-아/어/여서	
	-고 나니까	
51-52	-(으)ㄹ 수 있다	
	-거나	
	-아/어/여도 되다	
	-아/어/여야 하다	
53-54	-아/어/여 있다	
	-는지	
	-지 않다	
	도	
	-(으)ㄴ 적이 없다	
	-(으)ㄴ 후에	
	-고 나서	

TOPIK I
The Final Step

토픽 1 시험 전 마지막 연습

Prep

Fill in the meanings of words you already know.
Use the grammar shown to make your own sentences.

Review

Study unfamiliar words and grammar after each practice test. Take note of how they're used in each test question.